KB037640

지적 대화를 위한 교양인의 기호학

지적 대화를 위한 위한

교양인의 기호학

한 권으로

난해한 기호학을

끝내는

지식 교양서

*일러두기

본문에서 구체적 정보가 필요하다고 판단되는 곳에는 옮긴이의 설명이 추가되었다.

차례

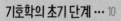

모든 저자는 자신의 책이 다른 언어로 번역될 때 기뻐할 것이다. 이 책의 경우에 더욱 그러하다. 하지만 나는 두 배로 더 기쁘다고 말할 수 있다. 그 이유는 내 책을 번역한 사람이, 내가 오랫동안 공동 작업을 영광스럽게 함께했던 이윤희 박사이기 때문이다. 당연히 그와의 공동 작업으로 나는 신뢰를 쌓을 수 있었다. 나는 이 박사가 지적인 또는 학문적인 일을 열심히 수행할 것이라는 점을 명확히 확신한다.

이 박사가 번역 작업에서 집중했던 과제는 영어 텍스트의 한국어 번역을 위한 적절한 표현을 발견하는 것 이상 그리고 그 너머의 도전이었다. 그 과제는 이 책의 특성상 텍스트 어조의 예리한 감각을 요구한다. 《지적 대화를 위한 교양인의 기호학Semiotics for Beginners》은 1996년에 출판사에 보내졌고 예지력 있는 편집자 리처드 애피냐네지Richard Appignanesi가 기획한 시리즈 중 하나로 기획되었다. 비록 그 시리즈가 출판 역사에서 순항을 누리지는 못했지만 이미 독자들에게 많은 사랑을 받았다. 물론 나 또한 좋아했다.

그 시리즈가 매력적이었던 것은 정작 접근성도, 만화책의 구성 방식에 대한 혁신성도 아니었다. 심지어 그것은 시리즈 또는 백과사전적 열망에서 원래의 개념 배후에 있는 추동력도 아니었다. 그럼에도 내가 언제나 감명을 받았던 것은 애피냐네지의 믿어지지 않을 정도의 감각이다. 그의 그런 감각 덕분에 이 시리즈가 최첨단의 동시대적 사고와 그 사고의 토대 위에 놀랍게도 자리를 지킬 수 있었다. 따라서 내 견해로는 기호학은 분명하게 이 기획의 구성 요소가 되어야 했다.

또한 최고의 삽화가 리자 얀스의 그림은 이 책을 더욱 재미있게 만들었다. 그녀의 예술적 기교 덕분에 이 책은 여러 해 동안 많은 언어로 출판되면서 그 생명력을 지속시킬 수 있었다. 리자의 그림이 주는 번역의 편의성에도 불구하고, 여전히 이 책의 번역가는 할 일이 대단히 많다. 많은 사람들이 기호학적 주제들을 이해하는 데 이 책이 도움을 준다고 내게 말했지만, 나는 여전히 글이 매우 압축적이며, 어떤 차원에서는 사실상 상당히 어렵다고도 생각한다.

지나친 단순화가 아닌 내용에 대해 신뢰할 만한 표현을 제공하면서도 글의 어조를 일반 독자가 이해할 수 있도록 하는 텍스트로 번역하는 것이 번역가의 중요한 사명이기도 하다. 물론 모든 번역가가 이처럼 높고 낮은 두 차원을 동시에 충족한다고 확신하기는 어렵다. 하지만 25년 기호학 동료이자 전문적 능력과 유능함을 지닌 기호학자인 이 박사가 번역한 이 책은, 원서보다 더 많은 혜택을 얻는 몇 안 되는 책 중 하나가 될 것이라고 나는 확신한다.

폴 코블리
2022년 봄

당신이 괜찮은 칵테일 파티에 가거나, 괜찮은 영화를 상영하는 영화관 로비에서 시간을 보내거나, 일요일에 발간되는 괜찮은 컬러판 부록을 읽거나, 텔레비전에서 방영하는 괜찮은 심야 예술 프로그램을 시청하게 된다면, 당신은 '기호학'이 매우 유용한 전문적 유행어라는 것을 알게 될 것이다.

현대 문화를 이해하기 위해서 당신은 기호학을 알아야 할 거에요.

그게 무슨 뜻인가요?

기호학의 초기 단계

기호학의 초기 선도자는 《크레틸러스Cratylus》에서
언어의 기원을 숙고한 플라톤BC. 428~348과 《시학
Poetics》과 《해석론On Interpretation》에서 명사를 고찰한
아리스토텔레스BC. 384~322다.

'기호학semiotics'이란 말은 세미오티코스semeiotikos
즉 기호 해석자와 같이 그리스어 어원인 의미소
seme에서 나왔다. 개별 학문으로서의 기호학은 간
단히 '기호의 분석' 또는 '기호 체계의 기능'에 관한
연구다.

기호 체계가 매우 중요하다는 생각은 쉽게 이해된
다. 하지만 그것을 연구할 필요성에
대한 인식은 다분히 현대적인 현
상이다.

나는 동물의 소리와 인간의 말 사이에
차이점이 있다고 생각해.
그것은 **자연적** 기호와 **관습적** 기호 사이의
차이점이지.

푸—우

고대 그리스에서 기호에 대한 유명한 논쟁 중 하나는 기원
전 300년 경 아테네에서 스토아학파와 쾌락주의학파 사이
에 일어났다.
　　이 논쟁의 쟁점은 '자연적 기호자연을 통해 자유롭게 발생하는'와
'관습적 기호소통을 위한 목적으로 정확하게 기획된' 사이의 차이에
관한 것이었다. 특히 스토아학파에게 본질적 기호는 의학
적인 증상으로 우리가 알고 있는 것이었다.

11

이러한 증상은 고대 그리스 로마 시대에 여전히 모델 기호로 남아 있었다. 서양에서 기호에 관한 탐구의 주요 기반은 중세시대 성 어거스틴St. Augustine, 354~430의 교리에 토대를 두었다.

어거스틴은 시그나 다타 signa data, 즉 관습적 기호에 대한 이론을 발전시켰다. 그리스와 로마의 해설자와는 달리, 어거스틴은 관습적 기호들이 철학적인 면밀한 검토를 위해 알맞은 연구 대상이라는 생각을 지지했다.

하느님.

하느님. 무엇이 내가 이 말, '하느님'을 말하도록 했는가?

또한 어거스틴은 말이 '정신 속의 말'과 상관관계에 있는 것처럼 보이는 방법을 표명함으로써 기호 연구의 초점을 제한하는 데 그 역할을 했다.

어거스틴이 기호적 초점을 제한한 이런 작업이 이후 기호 연구에 심각한 영향을 주게 되었다. 영국의 프란체스코회 회원인, 오컴의 윌리엄William of Ockham, 1285~1349 같은 학자들은 이러한 형태의 기호를 더욱 악화시켰다.

기호의 주요 범주화는 정신적이며 사적인 기호들, 그리고 공개되기 위해 말해지거나/쓰인 기호들에 관한 것이지.

윌리엄의 기호는 결과적으로 존 로크

나는 의미화 과정에 대한 검토에서 새로운 논리학을 위한 토대를 찾았지.

John Locke, 1632~1704의 《인간 오성론An Essay Concerning Human Understanding》1690에서 그의 연구를 뒷받침하였다.

유럽 철학에서 이런 인물들이 어떤 의미에서는 원조 기호학자들이었지만, 20세기 들어서야 두 창시자의 후원 하에 만개한 기호학적 인식이 나타난다.

13

페르디낭 드 소쉬르

페르디낭 소쉬르1857~1913는 1857년에 제네바의 학문적 가문에서 태어났다.

19살에 그는 언어를 공부하려고 라이프니츠 대학에 들어갔고, 거기서 그는 2년 후 〈인도유럽 언어의 초기 모음 체계Primitive System of Vowels in Indo-European Languages〉라는 유명한 논문을 출간하게 되었다.

학위논문을 마친 후 소쉬르는 파리에 있는 고등연구원the École Pratique des Hautes Études에 들어갔다. 거기서 그는 산스크리트어, 고트어, 고대 고지高地 독일어를 가르치게 되었다.

이 시기에 나는 일반언어학보다 역사적으로 특정 언어들에 더욱 흥미를 갖게 되었지.

산스크리트어와 역사언어학을 가르치기 위해 다시 제네바로 돌아갈 마음이 생기기 전까지 소쉬르는 파리에서 10년 동안 머물렀다.

1906년, 제네바 대학은 운 좋게도 소쉬르에게 언어학, 그리고 이후에는 기호학에서 역사적 사건을 일으킬 촉매제를 제공하였다. 바로 소쉬르에게 일반언어학을 가르치는 강의가 주어졌다1906~11. 그 강의는 이전에는 시도해보지 않았던 것이었으며, 심지어 자신의 생애 동안 출판하지 않을 주제를 다루고 있었다.

그럼에도 불구하고, 소쉬르가 1913년에 죽었을 때, 그의 학생과 동료 들은 그의 강의가 매우 혁신적이었다고 생각하여 자신들이 보관하고 있던 노트에서 강의를 재조합하였다. 그것이 1916년《일반언어학 강의Cours de linguistic générale》라는 이름으로 출간된 책이다.

특정 언어에서 시간에 따라 일어나는 변화를 고찰하는 '역사적'—통시적 diachronic—언어학과 대조적으로 소쉬르는 공시적synchronic 언어학을 추구했다. 그는 언어 일반의 상태에 대한 분석, 즉 모든 언어의 존재 조건에 대한 이해를 제공했다.

《일반언어학 강의》는 언어기호의 성격에 초점을 두었고, 소쉬르는 유럽의 기호 체계 연구에 대한 모든 이해와 통합되는 중요한 지점을 여럿 지적했다. 소쉬르는 언어기호를 양면을 가진 실체, 즉 **이원체**로서 정의했다.

그는 기호의 한 면을 **기표**signifier라고 불렀다. 기표는 완전하게 기호의 물질적 측면이다. 만약 어떤 이가 말할 때 자신의 성대를 느낀다면, 소리가 진동이는 의심의 여지없이 본성상 물질적이다에서 만들어진다는 것이 분명하다. 소쉬르는 음성언어 기표를 '소리 이미지'로 기술하였다.

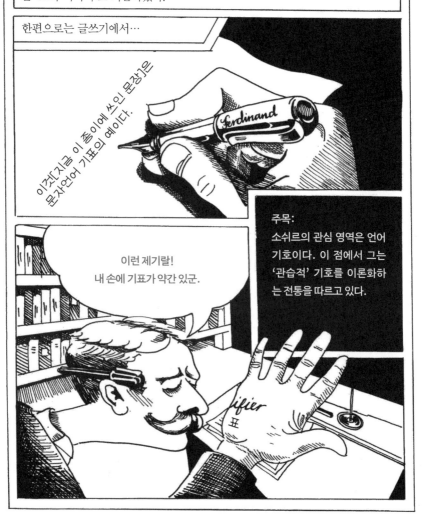

한편으로는 글쓰기에서…

이것[지금 이 종이에 쓰인 문장]은 문자언어 기표의 예이다.

이런 제기랄!
내 손에 기표가 약간 있군.

주목:
소쉬르의 관심 영역은 언어기호이다. 이 점에서 그는 '관습적' 기호를 이론화하는 전통을 따르고 있다.

소쉬르가 칭하는 **기의**signified는 모든 기호에서 기표와 분리되지 않는다. 그리고 실제 그 기표로 야기된다.

기의는 **정신적 개념**이다.

우리가 영어로 단어 'dog' 기표 /d/, /o/, /g/로 만들어진를 취할 때, 청자에게 야기되는 것은 '실제' 개가 아니고 '개다움'이라는 정신적 개념이다.

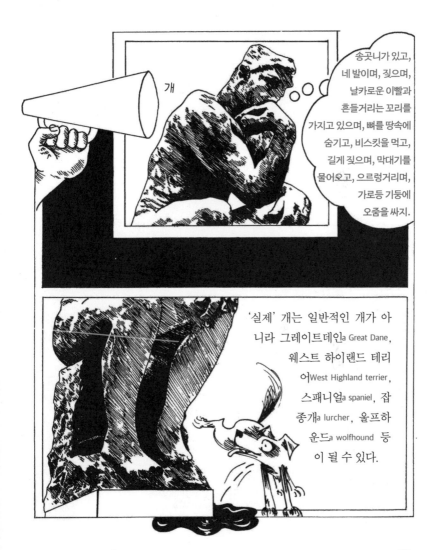

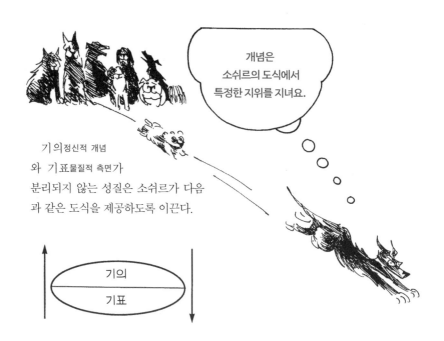

개념은
소쉬르의 도식에서
특정한 지위를 지녀요.

기의정신적 개념
와 기표물질적 측면가
분리되지 않는 성질은 소쉬르가 다음
과 같은 도식을 제공하도록 이끈다.

기의
기표

분명히, 소쉬르는 언어를 통한 커뮤니케이션의 과정이 정신의 내용을 전달
하는 것을 포함한다고 믿는다. 즉, 두 개인 사이의 순환 회로 **코드**로 구성되는
기호는 각각의 뇌 속에 있는 내용을 '드러낸다.' 새로운 과학을 상정하도록 소
쉬르를 고무시킨 것은 정신의 내용이 특정 종류의 기호 코드와 맺는 이러한
결합이다.

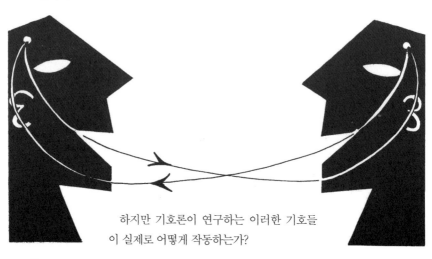

하지만 기호론이 연구하는 이러한 기호들
이 실제로 어떻게 작동하는가?

소쉬르의 언어기호 이해에서 중요한 것은 기표와 기의 사이의 결속이 **자의적 성격**을 가진다는 점이다.

개dog의 정신적 개념이 /d/, /o/, /g/ 라는 소리로 구성된 기표로 인해 필연적으로 생겨날 필요는 없다. 사실상 프랑스 사람들에게 개의 개념은 기표 'chien'로 촉발되고, 한편 독일 사람들에게는 기표 'hund'로 촉발된다.

영국 화자에게 기표 'dog'는, 많은 사람이 그 말에 동의한다면, 'woofer' 또는 심지어 'blongo' 나 'glak'로 대체될 수 있다.

다시 말해서, 기표 'dog' 가 왜 기의를 발생시켜야 하는지에 대한 당연한 이유는 없다. 그 둘 사이의 연결은 자의적이다.

사회 내에서 기호의 삶을 연구하는 과학을 생각할 수 있지. 그 과학은 사회심리학의 일부가 될 것이고, 결과적으로 일반심리학의 일부가 되지. 나는 그 과학을 기호론semiology이라고 부를 것이야.

소쉬르는 기호학semiotics이 아니라 기호론semiology이라는 용어를 사용했다. 기호론이란 말은 유럽학파의 기호 연구와 연관되고 기호학은 주로 미국의 이론가들과 연관된다. 후에는 '기호학'이 기호 체계의 분석을 위한 일반적 명칭으로서 사용되었다.

기표가 기의를 수반하는 유일한 이유는 작동하고 있는 **관습적 관계**가 존재하기 때문이다.

합의된 규칙들은 관계를 통제한다. 이러한 규칙들은 모든 언어 공동체에서 작동한다. 하지만 기호가 의미화하는 '자연적' 관계를 포함하지 않는다면, 그러면 기호가 어떻게 기능을 하는가?

소쉬르에게 기호는 기호 자신과 다른 기호와의 **차이**로 인해 의미화한다. 이러한 차이가 언어 공동체의 가능성을 만든다.

주목: 체계를 발생시키는 이러한 차이의 원리는 우리가 후기구조주의를 고찰하게 될 때 기억해야 한다.

소쉬르는 언어프랑스어로 langage의 일반적 현상이 두 요소로 구성되는 원리를 기술한다.

랑그는 공동 벽장으로 생각할 수 있으며, 그 벽장은 파롤의 사례를 구성하는 데 꺼내어 사용될 수 있는 모든 가능한 다른 기호들로 채워져 있다.

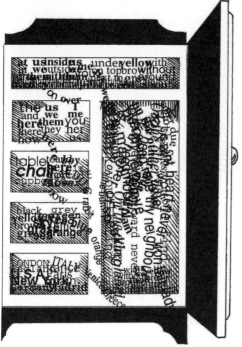

나는
입을
여
수 있는
어떤 것도
도대체
찾을 수
없지?

확실하게, 언어가 모든 이들에 의해 사용되는 체계랑그라는 사실은 언어가 또한 철두철미하게 사회적 현상이라는 점을 의미한다.

하지만 체계는 또한 체스의 성공적인 게임처럼 **추상적**이고, 체스의 이동또는 발언이 적절한지 확인하기 위해 중단하거나 규정집을 참고할 필요가 거의 없다는 점에 주목하라. 그 규칙들은 반드시 지속해서 감지할 필요가 없는, 알려진 것들이다.

소쉬르의 랑그 개념 내에 존재하는 언어의 한 심층구조는 언어적 요소들의 결합combination과 대체substitution의 제약에 관한 것이다.

우리가 다음과 같은 기호의 집합, 'The cat sat on the mat'을 취한다면, 'cat 고양이'과 같은 요소는 그것이 'mat매트', 'the그', 'on위에', 'sat앉아 있다'과 다를 뿐만 아니라 'gibbet교수대', 'lorry트럭', 'pope교황', 'anthrax탄저병' 등과도 다르므로 의미화할 수 있다.

하지만 그것이 다른 요소들과 어떻게 결합하는지를 보라.

그 단어는 통합체논리적으로 질서화된 기호의 집합, 예를 들어, 문장이나 구를 형성하기 위해서 'the', 'sat', 'on', 'mat'과 함께 엄격한 질서에 따라 나타날 수 있다.

이러한 의미에서 그러면, 'cat'은 연속체에서 그것에 앞서 있고 뒤따를 수 있는 다른 요소들과 통합적 관계를 갖는다.

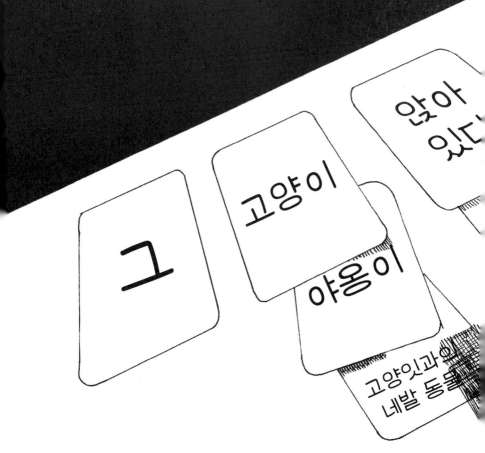

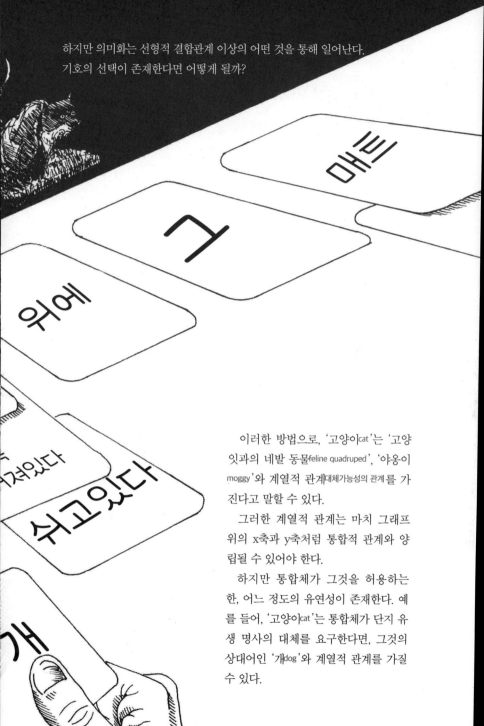

하지만 의미화는 선형적 결합관계 이상의 어떤 것을 통해 일어난다.
기호의 선택이 존재한다면 어떻게 될까?

이러한 방법으로, '고양이cat'는 '고양 잇과의 네발 동물feline quadruped', '야옹이 moggy'와 계열적 관계대체가능성의 관계를 가 진다고 말할 수 있다.

그러한 계열적 관계는 마치 그래프 위의 x축과 y축처럼 통합적 관계와 양 립될 수 있어야 한다.

하지만 통합체가 그것을 허용하는 한, 어느 정도의 유연성이 존재한다. 예 를 들어, '고양이cat'는 통합체가 단지 유 생 명사의 대체를 요구한다면, 그것의 상대어인 '개dog'와 계열적 관계를 가질 수 있다.

23

찰스 샌더스 퍼스

미국의 철학자로 매우 존경받는 찰스 퍼스Charles Peirce[발음은 퍼스 'purse'], 1839~1914는 매사추세츠 케임브리지에서 명문 학자의 가문에서 태어났다.

하버드대학교는 케임브리지에 자리 잡고 있었고, 퍼스의 동시대 인물로는 윌리엄 제임스William James, 촌시 라이트Chauncey Wright, 올리버 웬델 홈즈 주니어Oliver Wendell Holmes, Jr.가 있었다.

하지만 퍼스는 자신의 '기호학semeiotic'을 꾸준하게 구축하는 모범적이고 고상한 학자적 삶을 살지는 않았다.

퍼스는 까다로운 젊은이였는데, 그가 만성적인 극심한 신경통과 안면통증 장애를 앓았기 때문이었다. 그런 장애로 그는 감정을 폭발적으로 표출하는 성격을 가지게 되었다고 한다.

퍼스는 특별한 업적 없이 하버드대학교에 머문 시기 동안 미국 해안측지측량국U.S. Coast and Geodetic Survey에서 여름 현장실습을 수행하였다. 그곳에서 퍼스가 측지학과 천문학에 주요한 공헌을 하면서, 그와 기관과의 관계는 30년 동안 지속되었다. 그럼에도 불구하고 퍼스는 자신의 일관성 없는 글들을 일관적인 글들로 발전할 수 있는 학문적으로 안정적인 삶을 결코 이어갈 수 없었다.

퍼스는 1877년 그의 아내 지나 페이Zina Fay와 별거하게 되었고 결국 이혼했다. 1883년에 그는 지나와 이혼하기 전 동거하고 있었던 프랑스 여인 줄리엣 푸르탈레Juliette Pourtalai와 결혼했다. 오늘날에는 이러한 일이 크게 문제가 되지 않는 것처럼 보인다.

하지만 내가 속한 사회적 환경에서 이혼에 대한 태도는 엄격했죠. 나의 주거 형태의 세세한 정보가 나의 적들을 위한 무기를 제공했던 것이죠.

퍼스의 논쟁적 성격에 덧붙여 용인되지 않았던 생활방식은 대학 강사로서 유일한 자리에서도 해고되는 사태를 초래했다. 1879년에 논리학 강사로 퍼스를 임명했던 존스 홉킨스대학교 이사들은 퍼스와의 계약 파기에 착수했다.

설상가상 해안측량국과 오랜 논쟁 끝에 1891년에 나는 이 일마저 그만두게 되었지.

허레이쇼 앨저Horatio Alger의 자수성가 이야기가 기득권 계층의 사회적 다윈주의과 함께 존재했던 미국의 역사기에, 퍼스는 남은 생애를 대중잡지 기사 작성에 대한 선금을 받으면서 근근이 살아갔다.

그러나 퍼스는 방대한 일련의 글들을 남기고 죽었으며, 1931년에서 1958년까지 퍼스의 편집자들이 8권의 선집으로 출간하였지만 여전히 그중 많은 글이 출판되지 않았다. 퍼스는 이 글들에서 자신이 후에 '기호학semeiotic'이라고 부르게 될 것, 다시 말해 '기호이론'으로 제한되는 논리학과 철학을 기술하였다.

1867년 논문 〈새로운 범주 목록On a New List of Categories〉을 시작으로 퍼스는 자신의 남은 생애를 **삼원적** 기호이론을 발전시키는 일로 보냈다. 퍼스는 숫자 '3'에 대한 집착을 인정했다는 점에서 그의 기호 형태가 완전히 타당하다는 점을 쉽게 알 수 있다.

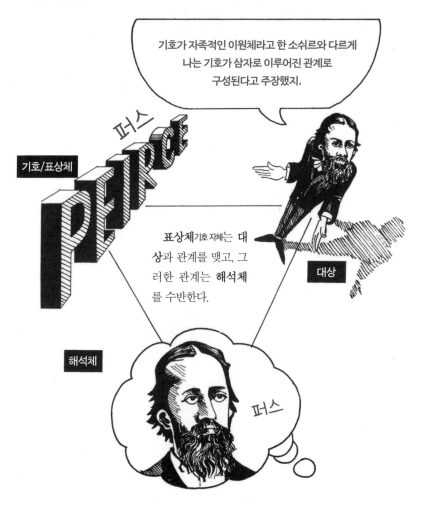

기호가 자족적인 이원체라고 한 소쉬르와 다르게 나는 기호가 삼자로 이루어진 관계로 구성된다고 주장했지.

퍼스

기호/표상체

표상체기호 자체는 대상과 관계를 맺고, 그러한 관계는 **해석체**를 수반한다.

대상

해석체

퍼스

이것은 기호이다.

대상은 기호/표상체가 나타내는 것이다. 사실, 이 말은 좀 더 복잡한데 대상이 직접적 대상이 될 수도 역동적 대상이 될 수도 있기 때문이다.

기호 또는 표상체는 아주 단순하게 어떤 측면이나 능력에서 어떤 것을 어떤 이에게 나타내는 것이지.

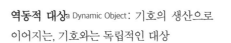

직접적 대상an Immediate Object : 기호에 의해 재현되는 그대로의 대상

역동적 대상a Dynamic Object : 기호의 생산으로 이어지는, 기호와는 독립적인 대상

해석체는 기호의 구성 요소에서 가장 까다로운 몫을 담당한다. 해석체는 '해석자'가 **아니다.** 정확히 말하자면, 그것은 '적절한 의미 있는 효과'이다.

빈번하게 해석체는 정신에서의 기호로서 여겨지는데, 이는 기호와의 만남에 대한 결과이다.

비록 해석체를 일종의 적절한 '결과'로서 생각하는 것이 더 정확하다고 할 지라도 위의 기술은 해석체의 의미를 위한 좋은 출발점이다. 예컨대, 나는 하늘을 가리킨다면, 단순히 하늘이 의미하는 것을 이해하는 대신에 당신은 손가락이 가리키는 방향을 쳐다볼 것이다.

이렇게 하여 해석체가 생산된다.

하지만 대상처럼,
한 종류 이상의 해석
체가 존재한다.

직접적 해석체
the Immediate Interpretant

직접적 해석체는 기호의 정확한 이해에서 그 자신을 드러낸다. 예:하늘을 바라보고, 손가락이 가리키는 그 별을 정확하게 이해하는 것

역동적 해석체
the Dynamic Interpretant

역동적 해석체는 기호의 직접적 결과이다. 예:가리키는 손가락에 반응하여 하늘 일반을 바라보는 것

최종적 해석체
the Final Interpretant

최종적 해석체는 기호 사용의 모든 예에서 완전하게 기능하는 비교적 드문 기호의 결과이다. 예:손가락이 가리키는 그 별을 정확하게 바라보고, 가리키는 손가락이 그 별이 구체적으로 프록시마 센타우리Proxima Centauri 라는 것을 나타낸다는 점을 깨닫는 것

하지만 위에 기술한 내용이 전부가 아니고, 아직도 남은 이야기가 있다.

소쉬르의 기호기호/기의가 의미의 흐름에 참여하기 위해 다른 기호들과 결합해야 하지만, 퍼스의 견해에 따른 의미화는 내재된 역동성을 가진다.

유념할 점: 우리는 해석체가 심화된 기호 또는 '정신 안의 기호'와 같은 것이라고 말했다. 언급된 것처럼 해석체는 기호 삼원체에서 중요한 역할을 담당한다.

해석체로서 그것의 기능에서 해석체는 더 발전된 기호/표상체의 역할을 또한 취할 수 있다.

이러한 상황은 해석체를 더 발전된 대상과의 관계에 위치시키고, 결과적으로 더 발전된 대상은 해석체를 수반한다. 이 해석체는 기호/표상체로 변형되고, 이 기호/표상체는 또 다른 해석체를 만드는 더 발전된 대상과의 관계에 존재한다. 이 과정은 무한히 지속된다.

데리다가 기호학과 맺는 관계를 고찰할 때 이러한 역량을 기억해 두는 것이 좋을 것이다.

일상적 측면에서, 더 발전된 기호들을 생산하는 해석체의 이러한 원리는 매우 친숙하다. 우리는 모두 어떻게 하나의 기호가 일련의 연상을 촉발하고, 궁극적으로 이러한 연상이 처음의 기호에서 완전히 벗어나는 것처럼 보이는지를 인식한다.

기호학에서 이러한 역량은 - 그리고 이는 단지 잠재적 역량인데, 그 이유는 끊임없이 기호를 생산하는 것보다는 그저 단순히 일상적 삶이 우리에게 일하러 가야하고, 집안일을 해야 하며, 잠자러 가야 한다 등등을 요구하기 때문이다 - 종종 **무한의 기호 과정**unlimited semiosis으로서 지칭된다.

기호
가 필
연 적 으
로 더 발
전된 기호들
을 생산하는
퍼스의 기호학
에서 그 방법을 고
찰할 때, 기호 기능
에 대한 그의 관점은
확실히 매우 복잡하다.
하지만 그 구성은 훨
씬 더 복잡하다. 퍼스의 기
호는 스스로 기능하지 않고
일반적 현상의 표명으로서 기   능한다. 퍼스는 현상의 세
범주를 명시하였는데, 그는 이   범주를 다음과 같이 이름
붙인다.

주목: 슈베르트가 새로운 피아노곡을 연주한 후에 한 여성에게서 그 곡이 무엇을 의미하느냐는 질문을 받았다. 슈베르트는 아무 말도 하지 않았다. 하지만 그는 대답 대신, 피아노로 돌아와서 그 곡을 다시 연주했다. 그 새로운 곡에 대한 순수한 느낌─ 1차성─이 그것의 핵심이었다.

1차성 Firstness, **2차성**Secondness, **3차성**Thirdness

1차성의 영역은 그것의 의미를 찾기가 어렵지만 보통 '느낌feeling'의 측면에서 이해된다.

1차성은 관계성을 갖지 않으며, 다른 것과 대비되어 고려되어서는 안 되며, 그것은 단순히 '가능성'이다.

1차성은 음정이나 모호한 맛이나 색에 대한 감각 같은 것이다.

2차성은 관계성에서 발생하는 엄연한 사실의 영역이다.

2차성은 문을 닫으려는 과정에서 그 문이 한 물체에 의해 막혀 있어서 움직이지 않는 것을 알게 될 때 발생하는 느낌이다. 관계는 발견되는 것이며, 세계는 사물로 구성되어 있고, 그것이 다른 사물들과 공존한다는 것이 드러난다.

퍼스에게 무엇보다도 중요한 범주는 **3차성**, 즉 일반적 법칙의 영역이다.
2차성이 엄연한 사실에서 존재한다면 3차성은 정신적 요소이다.
퍼스에게 3차적 요소는 1차적 요소를 가져와 2차적 요소와 관계를 맺게 한다.
'A가 C에게 B를 준다.' 라는 비유의 경우럼, 그러므로, B는 A와 C를 관계 맺
게 한다.

퍼스의 기호 삼원체에 적용되면 결과적으로
범주는 다음과 같이 된다.

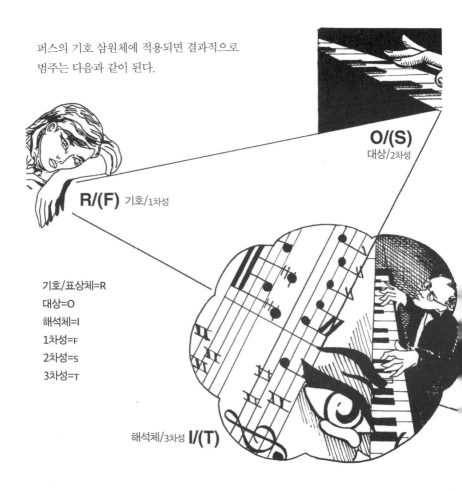

O/(S)
대상/2차성

R/(F) 기호/1차성

기호/표상체=R
대상=O
해석체=I
1차성=F
2차성=S
3차성=T

해석체/3차성 **I/(T)**

　기호 또는 표상체는 1차적 요소이고, 대상은 2차적 요소이며, 해석체는 3차
적 요소이다.

위의 기술은 무한한 기호 과정의 가능성에서 삼원체의 간략한 암시라는 점에 주목하라.

여기서 해석체는 3차성을 나타낸다. 하지만 해석체는 그 다음의 삼원체에서 1차적 요소가 된다.

그렇다면 1차적 요소로서 기호또는표상체는 또한 3차적 요소로서 작용하는데, 그 다음의 해석체를 대상과 관계 맺도록 하거나 기호가 '개별적 사건에 작용하는 습관이나 일반적 법칙'을 수립하면서 '비효율적인 관계들을 효율적으로' 만든다.

세 범주를 삼원적 요소인 표상체, 대상, 해석체와 매핑하는 이유는 어떻게 퍼스가 서로 다른 기호의 유형을 범주화하려고 하는지를 고찰하면서 더 명확해진다.

주목: 이 점은 퍼스가 소쉬르와 공유하는 점을 나타낸다. 즉, 대상에 코드화로 접근하는 기호 이론이다.

35

퍼스는 처음에 10개의 기호 유형을 가정하였으며, 다음에 66개 기호를 이론화하기 위하여 이를 수정하고, 결과적으로 59,049라는 문제의 숫자를 제시했다.

이 기호 전체를 검토하는 것은 어려울 것이다. 하지만 우리는 그러한 기호 유형들이 생산되었을 과정을 살펴보는 것으로 시작할 수 있을 것이다.

기호가 삼원체기호/표상체, 대상, 해석체라면, 그것은 각각 1차성, 2차성, 3차성의 형식적인 세 측면을 지닌다.

이러한 형식적인 세 측면은 결과적으로 존재나 현상 일반의 범주1차성, 2차성, 3차성와 관계를 갖는다.

기호의 형식적인 측면들과 존재의 측면들 간의 상호작용은 기호를 생산하는 그래프의 측면에서 구상될 수 있다.

횡렬은 기호 삼원체의 각 요소와 관련된 범주1차성, 2차성, 3차성를 구성한다.

종렬은 존재자질, 엄연한 사실, 일반적 법칙와 관련된 범주를 구성한다.

이러한 상호작용으로 생산된 기호들은 아래와 같다.

	자질 1차성	엄연한 사실 2차성	법칙 3차성
표상체 1차성	자질기호	개별기호	법칙기호
대상 2차성	도상	지표	상징
해석체 3차성	림	다이센트	논증

기호/표상체의 차원에서
예: 1차적 요소, 자질기호, 개별
기호, 법칙기호가 있다

자질기호a Qualisign
: 자질로 구성된 표상체. 예: 녹색.

개별기호a Sinsign
: 실존하는 물리적 실제로 구성된 표상체.
예: 특정한 거리에서 도로 기호

법칙기호a Legisign
: 법칙으로 구성된 표상체.
예: 축구 경기에서 심판의 호루라기 소리

해석체의 차
원에서예 3차적 요
소 림, 다이센트,
논증이 있다.

'…흠?'

림a Rheme
: 림에서는 기호가 해석
체를 위해 가능성으로서
재현된다. 예 : 개념

'아…하…'

다이센트a Dicent
: 다이센트에서는 기호
가 해석체를 위해 사실로
서 재현된다. 예 : 기술적
진술

논증an Argument
: 논증에서는 기
호가 해석체를 위
해 이성으로서 재
현된다. 예 : 삼단
논법

'알았다!'

여기서 주목해
야 할 점은 보통
이러한 추상적 기
호 유형들이 결합
의 모든 방식을 적
용하는 더 큰 규모
의 기호학을 위한
출발점을 제공한
다는 것이다.

그러한 결합의 한 예는 다음과 같다.

축구 경기의 심판이 노골적인 의도적 반칙을 범했던 축구 선수에게 레드카드를 제시한다. 그 레드카드가 규칙의도적 반칙은 불법적이고 따라서 가해자에게 벌칙으로 이어진다이 적용되도록 하므로 그것은 논증이다. 그것은 또한 상징적이고레드카드는 관례상 의도적 반칙을 의미한다 따라서 또한 법칙 기호이다일반적 법칙.

하지만 레드카드를 전에 심판이 사용한 적이 있었고, 선수들이 이 점을 충분히 알고 있다. 그러므로 레드카드 사용의 이러한 사례는 엄연한 사실로서 작용하고, 그러한 경우는 발화적 지표적 개별기호심판의 행동으로 유발된 축구 프로토콜의 사실에 대한 진술이다.

그러니까
발화적·지표적 개별기호는
논증적 상징적 법칙기호의
복제가 되는군.

퍼스의 연구와 소쉬르의 연구는 20세기 기호학에 가장 분명한 기준점을 제공한다. 하지만 두 사상가를 나타내는 과거와의 관계가 존재한다.

소쉬르와 기호론

소쉬르에 대한 가장 통찰력있는 비평은 그의 영향력이 확산되었다는 증언의 역할을 한다.

소비에트 이론가, 발렌틴 볼로시노브Valentin Volōsinov, 1895~1936는 소쉬르의 학파를 러시아 언어학에서 중요한 역할자로서 명명한다. 하지만 그는 그 학파가 지닌 '추상적 객관론'을 비판한다. 즉 우리가 커뮤니케이션의 참된 사회적 성격을 발견할 수 있는 곳이 랑그모든 이들이 사용하는, 그러나 비실제적인라는 점에 그는 동의하지 않는다.

나는 특정 상황에 고정되어 있고, 상황이 변화함에 따라 변하는 발화파롤가 언어 연구의 초점이 되어야 한다고 주장했지.

볼로시노브는 실제는 러시아 학자 미하일 바흐친 Mikhail Bakhtin, 1895~1975이라고 널리 알려져 있다.

이 주장은 기호학 발전에 중요하며, 우리는 이 점을 다시 다루게 될 것이다.

하지만 소쉬르를 추종하는 유럽 사상가들에게 랑그의 개념은 주요한 돌파구를 재현한다.

덴마크의 언어학자 루이 옐름슬레우Louis Hjelmslev, 1899~1965는 '사회 내에서 기호의 삶을 연구하는 과학'을 구축하는 소쉬르의 과업에 착수했다. 이 과제의 첫 번째 주요한 단계는 언어학만으로만 기술되었던 기호 생산에 덧붙여서 모든 기호 생산을 통제하는 마스터 기호 체계의 차원으로 랑그를 활성화시키는 점을 포함했다.

모든 기호는 기호 자신의 국지적 체계의 원리보다 더 상위의 조직의 원리에 종속되지.

소쉬르의 개별적 기호 기능에 대한 이해의 확장은 위의
언급된 사항과 연결되어 있다.

소쉬르의 기호기의와 기표의 내재적 관계를 구성하는가 그것의 기
능이 **외연**denote을 나타내는 곳의 영역에서 작동하는 경우
라면, 엘름슬레우는 그 기호가 또한 다른 영역을 가진다
는 점을 주장한다.

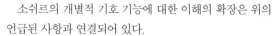

조직되고 통합되어 나타난
이러한 기호의 다른 영역은
기호 외부 자체에서 오는
정보의 덩어리야.

기호가 물질적 실체기표와 정신적 개념기의
사이의 관계를 포함하고 있을 뿐만 아니라,
기호는 또한 그 자신과 **그 자신 외부의** 기호
체계 사이의 관계도 포함하고 있다.

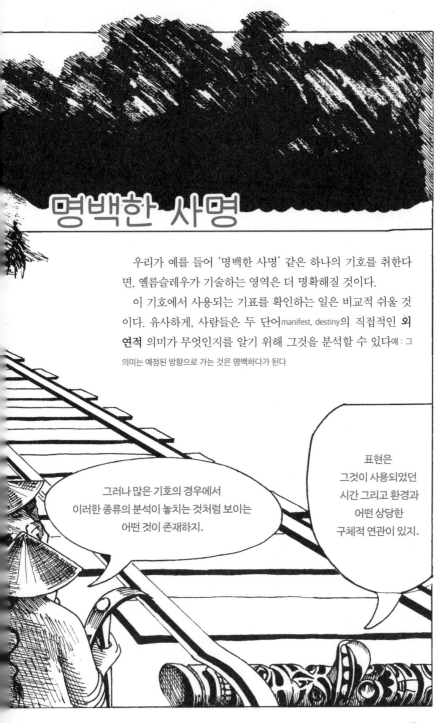

명백한 사명

우리가 예를 들어 '명백한 사명' 같은 하나의 기호를 취한다면, 옐름슬레우가 기술하는 영역은 더 명확해질 것이다.

이 기호에서 사용되는 기표를 확인하는 일은 비교적 쉬울 것이다. 유사하게, 사람들은 두 단어manifest, destiny의 직접적인 **외연적** 의미가 무엇인지를 알기 위해 그것을 분석할 수 있다에:그

의미는 예정된 방향으로 가는 것은 명백하다가 된다

표현은 그것이 사용되었던 시간 그리고 환경과 어떤 상당한 구체적 연관이 있지.

그러나 많은 기호의 경우에서 이러한 종류의 분석이 놓치는 것처럼 보이는 어떤 것이 존재하지.

위의 두 단어가 독자에게 떠오르게 하는 생각들은 –
독자가 역사를 충분히 잘 알고 있다면– 미국 확장과 관련
된 전체적인 일련의 연상들이다 국경, 19세기, 영웅적인 개척자들, 철도, 동부
에서 태평양까지 땅 차지하기, 미국 원주민의 축출

1845년에 만들어진 '명백한 사명'은 대륙의 식민지화를 지
칭하고 정당화하기 위하여 19세기에 미국 대통령들이 연이어
사용했던 상투적인 문구였다.

그래서 그 기호는 **내포**connotation의 힘을 지닌다고 말해
질 수 있다. 다른 모든 기호와 같이 그 기호는 –잠재적
으로– 기존의 기호 체계의 기능을 적용할 수 있다.

미국의 영토가 확장되면서
민주주의도 그렇게
될 것입니다!

명백한 사명

나는 소시민의 문화를 보편적 자연으로 변형시키는 신화화를 구체적으로 설명하기를 기대하지.

내포는 전혀 낯선 현상이 아니다. 사실상, 아마도 내포의 분석가로 가장 재능 있고 흥미로운 한 분석가는 기호론에 몰두하기 전에 기호에 대한 매우 유명한 통찰을 제시했다.

1954에서 56년까지 프랑스 잡지《레 레트르 누벨르Les Lettres nouvelles》에 일련의 에세이가 등장하기 시작했다. 각 에세이의 저자인 롤랑 바르트Roland Barthes, 1915~80는 주로 어떻게 대중문화 기호에서의 외연이 그 자체가 사회를 구성하는 더 큰 기호 체계에 의해 발생되는 '신화'인 내포를 드러내는지를 입증함으로써 '최고의 신화'를 노출하는 데 착수했 이러한 에세이를 포함한 책은 —《신화Mythologies》라는 적절한 제목으로 1957년에 출간됨— 스트립쇼, 뉴 시트로엥, 세제에서 나온 거품, 그레타 가르보Greta Garbo의 얼굴, 스테이크와 감자칩 등에 대한 고찰을 제공한다.

각 에세이에서 바르트는 간과된 것처럼 보이는 현상을 일상의 삶에서 가져와서, 그것이 수반하는 '명백한' 내포가 어떻게 통상적으로 주의 깊게 구성되었는지를 보임으로써 그 현상을 해체하는 데 시간을 보냈다.

<레슬링의 세계>에서
나는 어떻게, 스포츠와는 거리가 먼,
레슬링이 레슬러의 몸과 과장된 몸짓으로
구성된 기호의 복잡한 구경거리인지를
기술했지.

모든 이가 레슬링이 '기획된' 것이라는 점을 알고 있어도, 그 사실이 사람들이종종할머니들 특정 시합에 흥분하게 되는 것을 막지는 못한다.

더 미묘하게, 〈영화에 나타나는 로마인들〉에서 바르트는 조지프 맨키위즈Joseph Mankiewicz의 영화 〈줄리어스 시저〉에서 '로마인다움'의 내포가 생산되는 방식이 세심하다는 점을 보여준다. 명백한 것들토가, 샌들, 창 등 외에 바르트는 모든 인물이 앞머리를 장식하고 있다는 점에 주목한다.

머리가 거의 없는 사람조차도 앞머리를 면하게 해주지는 않았고,
그 영화의 중심 인물인 이발사는 여전히 마지막 남은 머리가 이마의
가장 위쪽에 적절히 안착하도록 만들어 낼 수 있었죠.
이는 로마인 이마 중의 하나로 그 좁은 이마는 언제나 독선, 미덕, 자만심의
특별한 혼합체를 나타냈지요.

바르트의 이러한 기호학적 분석들이 아마도 우리에게 가장 널리 알려진 것이고, 우리가 이 책의 서두에서 언급하였던 영화관 로비에서 그리고 심야 예술 프로그램에 관한 대화들의 기반이 된다.

하지만 바르트는 대중적 인공물에 유사 전문적 용어를 접목시키는 일 그 이상을 한다. 그는 현상을 자세히 읽는다. 그리고 해체에서 그는 특정 구성을 유지하는 복잡성에 신중한 주의를 기울인다.

자동차는 대중교통보다 더 좋다.

이성애자는 자연스러운 것이 아니다.

북유럽 남성을 강인하게 만든다.

슈퍼마켓은 삶을 편하게 만든다.

외과수술은 생명을 구한다.

레즈비언은 좋은 부모가 못 되었다.

존 크리네트는 최고의 레일스 브드스였다.

10마리의 고양이 중 9마리가 생선을 선호한다.

우리의 삶을 뒤덮는 '신화'는
엄밀히 말하면 서서히 퍼지는데,
그 이유는 그것이 매우 자연적으로 나타나기 때문이지.
신화는 기호학이 제공할 수 있는
상세한 분석을 요청하지.

바르트의 1964년 에세이 〈이미지의 수사학The Rhetoric of the Image〉을 예로 들어보자. 여기서 바르트는 판자니 파스타 광고를 분석한다. 광고는 망태기 밖으로 늘어트려진 기본적 재료들토마토, 버섯 후추과 몇몇 파스타 포장 봉지와 소스 통으로 구성된 단순한 사진이다.

그는 이 광고를 세 개의 메시지로 구분한다.

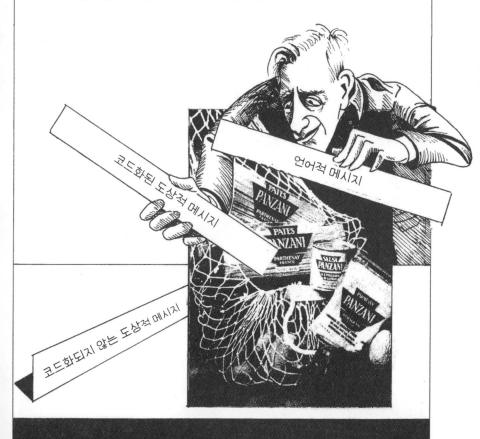

'언어적' 메시지: 광고에 있는 모든 언어
'코드화된 도상적' 메시지: 사진의 내포사회의 더 큰 기호 체계에서 나온다
'코드화되지 않은 도상적' 메시지: 사진의 외연

언어적 메시지
이것의 핵심은 '판자니Panzani'라는 말에서 발견되는 특별한 상관관계이다. 판자니는 제품의 이름을 나타내지만denotes '이탈리아식L'Italienne'같은 언어적 기호와 결부되어 있으며 또한 그것은 '이탈리아성'이라는 일반적 사고를 내포한다connotes.

코드화된 도상적 메시지
이 메시지는 사진 요소들의 배열에서 나오는 시각적 내포이다.
다음과 같은 것들이 있다.

신선함
자연적 재료들과 포장된 것들과의
연상에 의한

시장에서
돌아옴

트롤
망태기=어업의 네트

단조로운 삶

이탈리아성
자연적 재료에서 나온 3색의 색조와
포장상자 상표=이탈리아 국기

PATES - SAUCE - PARMESAN
A L'ITALIENNE DE LUXE

코드화되지 않은 도상적 메시지
바르트는 이 용어를 '문자적' 의미, 즉 더 큰 사회적 코드또는랑그와 무관하게 사진에서 식별할 수 있는 대상의 인지를 나타내기 위하여 사용한다.

바르트가 세 메시지의 형태를 이러한 특정한 질서로 구별해야 한다는 것은 중요하다.
언어적 메시지는 그 사진의 관찰자가 이러한 종류의 광고에서 먼저 보게 되는 메시지가 될 것이다.

시각적 광고들 하단에 있는 말들은
- 내가 '정박anchorage'이라고 부르는 것
- 때때로 그 제품이 어떤 기능을 하며
또는 그 제품이 무엇인지에 관한
중요한 정보를 제공하지.

더 문제가 되는 것은 두 도상적 메시지 사이의 관계. 즉 하나는 '코드화된'/내포적인 메시지이고 다른 하나는 '코드화되지 않은'/외연적인 메시지다.

바르트는 내포적 메시지를 먼저 다루는데, 그 이유는, 그가 주장하듯이 내포의 과정이 매우 '자연적'이고 직접적이어서 내포가 경험될 때, 외연과 내포를 분리한다는 것이 거의 불가능하기 때문이다.

외연의 식별은 내포가 정의에서 이론적으로 제거될 때만 발생한다.

논리적으로 독자는 기호가 실제로 표현하는 것을 인지하고, 그런 다음 어떤 문화적, 사회적, 또는 정서적 의미를 해독하려고 한다.

하지만 실제에서는 기호가 표현하는 것에 대한 인지- 특히 시각적 기호들- 가 매우 빠르게 이루어져서 그것이 일어났다는 것을 쉽게 잊어버린다.

바르트가 기호 연구를 위해 열어 놓은 다른 중요한 영역은 독자의 기능이다. 내포가 기호의 특징이지만, 그것이 발생하기 위해서는 독자의 활동을 요구한다.

그는 옐름슬레우에게서 힌트를 얻어서 기호가 기능하는 것에 관한 자신의 지도를 만든다.

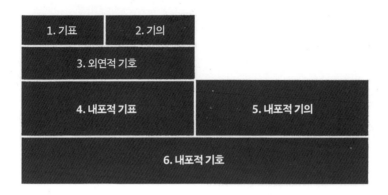

외연적 기호3은 기표1과 기의2로 구성된다.

하지만 외연적 기호는 또한 내포적 기표4가 된다.

다시 말해, 외연적 기호는 물질적 실체이다. 당신이 '사자'라는 기호를 소유한 상태에서만이 외연적 기호는 그것의 자부심, 맹렬함, 용기 등의 내포를 갖는 것이 가능하다.

그리고 내포적 기표는 내포적 기호5를 생산하기 위해 내포적 기의5를 발생시켜야 한다.

바르트가 추구하기를 원했던 기호에 대한 이 같은 체계적 방법이 많은 문제를 발생시키는 곳이 바로 위에 언급된 경우이다.

한편 옐름슬레우를 따라, 바르트는 규모가 큰 체계, 또는 코드 또는 랑그 또는 사회적 기호에 관한 생각에 매달린다.

하지만 나는 기호의 개별적 경우들이
'무질서적anarchic' 경향을
끝없는 의미들로 축소시킬 것이지만,
그럼에도 불구하고 내포적 기의의 영역을 구성하는
문화적 다양성과 지속적인 변화는
포괄적이며 확산된다는 점을 받아들입니다.

내포적 기의

바르트만이 이러한 딜레마에 대해 숙고했던 것은 아니다. 1950년대와 1960년대 그는 보통 구조주의로 알려진 영향력 있는 지성적 흐름의 부분을 형성했다.

기호의 과학을 위한 소쉬르의 사명에 기초하여 구조주의는 기호론을 포용하였지만, 종종 기호 기능의 엄격한 소관을 넘어서는 것 같았다. 실제로, 프랑스적인 지성적 삶과 연관된 중요한 구조주의자는 인류학자인 클로드 레비스트로스 Claude Lévi-Strauss, 1908-1991였다.

레비스트로스는 러시아 태생 프라하 언어학자인 로만 야콥슨 Roman Jakobson, 1896-1982의 연구, 소쉬르 언어학, 프로이트 무의식의 측면들을 결합하면서 '야생적 정신'의 복잡성뿐만 아니라 고도로 패턴화된 성격을 입증하였다.

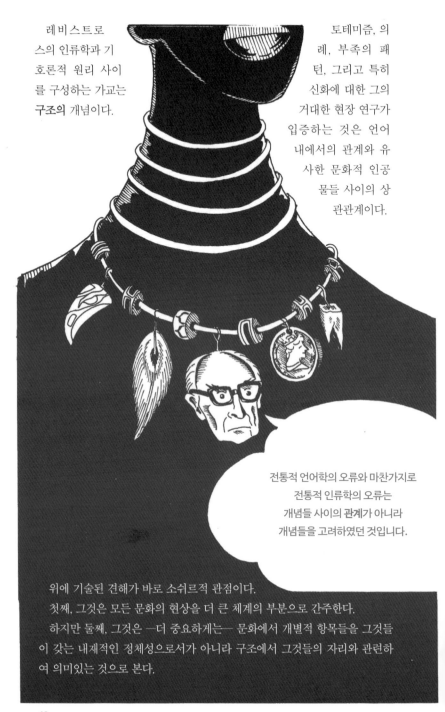

레비스트로스의 인류학과 기호론적 원리 사이를 구성하는 가교는 **구조의** 개념이다.

토테미즘, 의례, 부족의 패턴, 그리고 특히 신화에 대한 그의 거대한 현장 연구가 입증하는 것은 언어 내에서의 관계와 유사한 문화적 인공물들 사이의 상관관계이다.

전통적 언어학의 오류와 마찬가지로 전통적 인류학의 오류는 개념들 사이의 **관계가** 아니라 개념들을 고려하였던 것입니다.

위에 기술된 견해가 바로 소쉬르적 관점이다.
첫째, 그것은 모든 문화의 현상을 더 큰 체계의 부분으로 간주한다.
하지만 둘째, 그것은 —더 중요하게는— 문화에서 개별적 항목들을 그것들이 갖는 내재적인 정체성으로서가 아니라 구조에서 그것들의 자리와 관련하여 의미있는 것으로 본다.

가치로서 소쉬르가 의미하는 것은, 기호는, 가치를 지닌 다른 것들과 마찬가지로,

나는 <일반언어학 강의>에서 '의미'를 지칭하는 것을 피하도록 세심한 주의를 기울였지 그 대신 나는 기호들 사이의 관련성을 **가치**로 지칭했어.

a 유사하지 않은 것들과 교환될 수 있고,

b **유사한 것**들과는 **비교될 수** 있는 것이다.

1파운드의 동전의 예를 들어보자. 이것은
a 빵, 맥주, 신문 등과 교환될 수 있다.

또한 이것은
b 5달러 지폐와 비교될 수 있다.

마찬가지로, 단어는 하나의 개념과 교환될 수 있거나, 또는 다른 단어와 비교될 수 있다.

소쉬르가 착수하고자 하는 것은 문제의 항목들이 내재적인 정체성을 가지고 있지 않다는 점이다. 실제로, 1파운드의 동전은 물리적으로 단지 전체 37펜스 값이 나가는 합금으로 구성된다.

하지만 체계에서 그 동전의 기능은 통화의 다른 항목들 20펜스, 50펜스, 5파운드 지폐 등 그리고 다른 상품들 1파운드 가치의 빵과 맥주 등과의 관계에서 1파운드 가치의 기능을 이행하게 된다.

소쉬르에게 가치만이 **차이의 체계** 즉 랑그를 발생시킨다.

언어의 가장 아래 층위에는 언어학자들이 **음소**라고 부르는 다양한 기본적인 소리가 있다.

/개 dog/라는 단어에는 세 개의 음소, /d/, /o/, /g/ 가 있다.

음소 /d/가 음소 /g/보다 어떤 점에서 더 중요하다거나, 한 음소가 실증적 positive 항이고 다른 것은 그렇지 않다고 나타내는 것은 비합리적일 것이다.

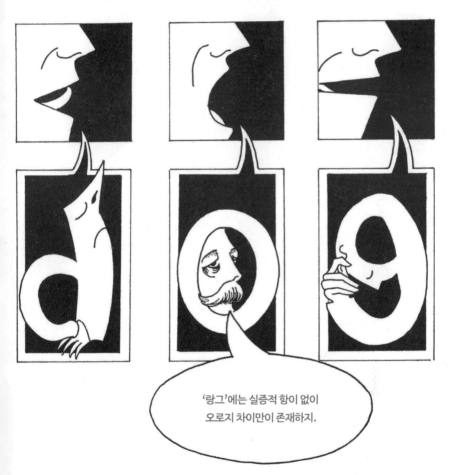

'랑그'에는 실증적 항이 없이 오로지 차이만이 존재하지.

문화에 존재하는 체계들에서처럼 이러한 원리가 더 넓은 체계의 차원으로 올라간다면, 우리는 차이나 관계에 대한 **구조**의 개념이 어떻게 큰 영향력을 갖게 되는지를 이해할 수 있을 것이다.

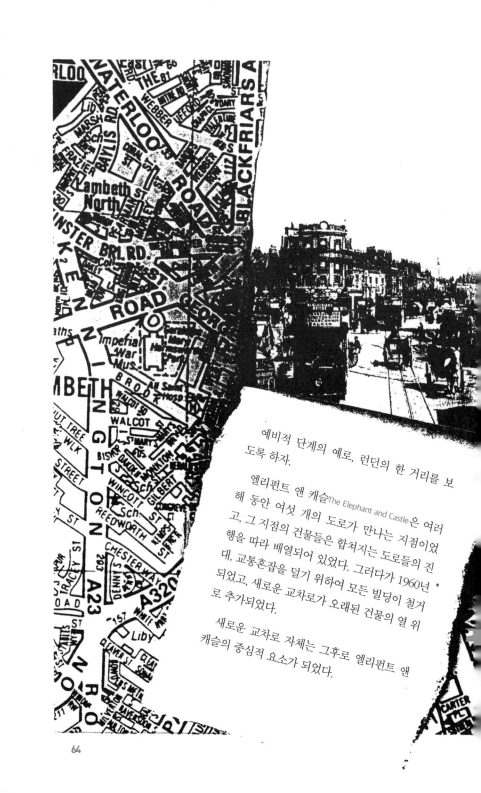

예비적 단계의 예로, 런던의 한 거리를 보도록 하자.

엘리펀트 앤 캐슬The Elephant and Castle은 여러 해 동안 여섯 개의 도로가 만나는 지점이었고, 그 지점의 건물들은 합쳐지는 도로들의 진행을 따라 배열되어 있었다. 그러다가 1960년대, 교통혼잡을 덜기 위하여 모든 빌딩이 철거되었고, 새로운 교차로가 오래된 건물의 열 위로 추가되었다.

새로운 교차로 자체는 그후로 엘리펀트 앤 캐슬의 중심적 요소가 되었다.

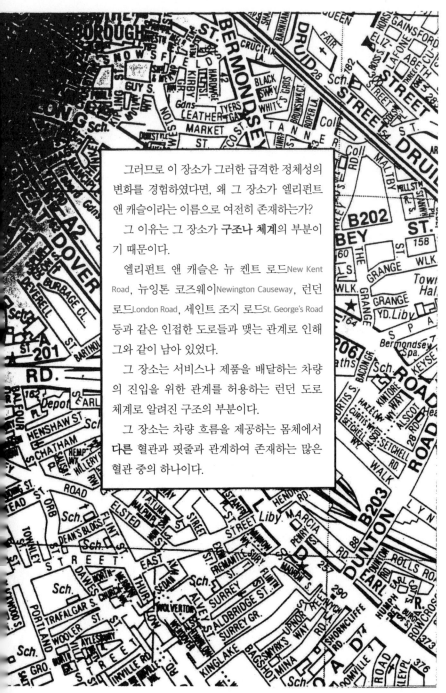

그러므로 이 장소가 그러한 급격한 정체성의 변화를 경험하였다면, 왜 그 장소가 엘리펀트 앤 캐슬이라는 이름으로 여전히 존재하는가?

그 이유는 그 장소가 **구조나 체계**의 부분이기 때문이다.

엘리펀트 앤 캐슬은 뉴 켄트 로드New Kent Road, 뉴잉톤 코즈웨이Newington Causeway, 런던 로드London Road, 세인트 조지 로드St. George's Road 등과 같은 인접한 도로들과 맺는 관계로 인해 그와 같이 남아 있었다.

그 장소는 서비스나 제품을 배달하는 차량의 진입을 위한 관계를 허용하는 런던 도로 체계로 알려진 구조의 부분이다.

그 장소는 차량 흐름을 제공하는 몸체에서 **다른** 혈관과 핏줄과 관계하여 존재하는 많은 혈관 중의 하나이다.

런던 도로의 이러한 구조주의 평가는 레비스트로스가 수행했던 연구의 종류 그리고 50년대와 60년대에 기호론semiology과 관련된 사람들이 수행했던 연구와 유사하다.

레비스트로스에게 친족체계와 같은 인류학적 현상은, 그 체계의 구조적인 관계에서 의미 있는 것으로 연구될 수 있다. 어떤 사회에서 존재하는 결혼의 금지는 — 가장 명백한 것은 근친상간의 금기이다— 단순히 생물학적으로 미리 결정된 것이 아니다. 대신 그러한 금기는 의미화하는 또는 문화적 체계를 재현한다.

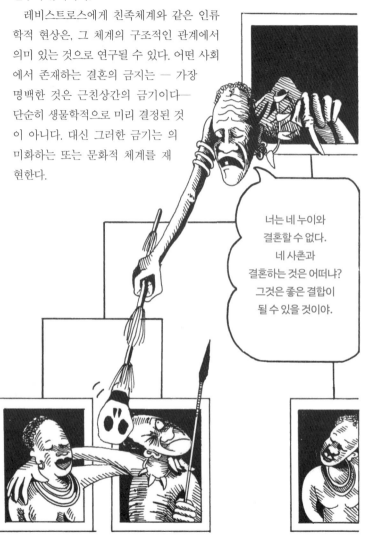

너는 네 누이와 결혼할 수 없다. 네 사촌과 결혼하는 것은 어떠냐? 그것은 좋은 결합이 될 수 있을 것이야.

어떤 사회에서는, 레비스트로스가 주장하듯이, 누가 누구랑 결혼하는지가 교환, 가능성, 차이의 유의미한 체계에 달려 있다. 이 체계는 언어에 기술되어 있는 규칙들과 다르지 않다.

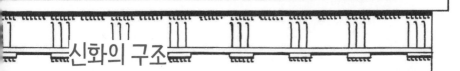

사회의 신화에서 유사한 규칙들이 적용된다. **구조**는 그 구조의 기본 규칙들에 여전히 부합하면서, 신화의 연속적 변형을 가능하게 하는 작동 모델이다.

신화는 그 이야기를 구성하는 요소의 꽤 단순한 변형을 포함하면서 동일한 이야기를 반복하여 이야기한다. 오이디푸스 가족 신화의 예를 들어보자.

오이디푸스의 선조이자 도시 테베의 설립자인 카드모스Cadmos는 용을 죽였다. 카드모스가 땅에 묻은 용의 이빨에서 스파르티Sparti 용사들이 튀어나왔고, 단번에 서로를 죽이기 시작했다. 5명의 생존자가 테베 사람들의 조상들이 되었다.

후에, 우리는 또한 오이디푸스가 땅의 괴물, 수수께끼 스핑크스를 죽인 것을 알게 된다. 이것으로 오이디푸스는 테베의 왕좌를 보상으로 받게 되고— 얼마 전에 죽은 왕 라이오스 이후 공석이었다—그는 미망인 여왕 조카스타Jocasta와 결혼한다. 사실상, 오이디푸스는 알아채지 못한 채 그의 아버지 라이오스 왕을 살해하고, 그의 엄마와 결혼했던 것이었다. 테베는 이러한 알려지지 않은 두 범죄 때문에 역병으로 벌을 받는다.

오이디푸스의 유배 후에 그의 두 아들 에테오클레스Eteocles 와 폴뤼네이케스Polyneices는 왕좌를 위한 싸움에서 서로를 죽인다. 테베의 원로원은 폴뤼네이케스의 시체를 매장하지 말 것을 명하지만, 그의 여동생 안티고네는 그를 위한 장례의식을 행함으로써 불복종한다. 이로 인해 안티고네는 생매장되는 선고를 받았다.

오이디푸스의 할아버지 이름, 라부다코스Labdacos는 다리를 저는 것lame을 암시하고, 그의 아버지 이름, 라이오스는 좌측 걷기가 두드러짐left-sided을, 그리고 오이디푸스 그 자체는 부은 발swollen foot을 의미하며, 모든 이름이 '똑바로 걷지 못함'을 함축한다는 점이 또한 흥미롭다.

구조와 신화소

레비스트로스는 오이디푸스 신화 구조의 경우에서처럼 신화를 그것의 가장 작은 가능한 구성 요소들로 분류함으로써 신화의 구조를 수립하는데, 그는 이러한 구성 요소들을 **신화소**언어적 음소와 다르지 않다라고 부른다. 신화소는 '관계의 묶음'으로 보인다. 레비스트로스는 한 행동이 다른 행동의 뒤를 잇는 내러티브를 무시하며, 대신 신화를 재배열하여 관계의 형태―신화소―는 서로 그룹 지어진다고 주장했다. 예를 들어, "카드모스가 용을 죽인다."의 한 묶음은 "오이디푸스가 스핑크스를 죽인다."로서 같은 그룹에 속한다.

아래의 분석에서, 오이디푸스 신화는 **신화소**로 그룹 지어진 종렬과 **내러티브 시퀀스**의 횡렬로 배열된다.

계열적

1

카드모스가 제우스에 의해 능욕당한 그의 누이 유로파를 찾는다.

그의 엄마, 조카스타를 ----

안티고네가 그녀의 오빠 폴뤼네이케스의 매장 금지령에도 불구하고 매장한다.

2

오디푸스가 그의 아버지 라이오스를 죽인다.

---가 서로 죽인다.

통합적

효과적으로, 이것은 통합축수평적으로 내러티브 시퀀스과 계열축수직적으로 관계의 묶음을 나타낸다.

이러한 다시 쓰기의 목적은 레비스트로스가 신화의 최종적 의미에 도달하고자 하는 것이 아니다. 대신 그는 신화의 생산과 변형의 조건들을 보여주기를 원한다.

그 관계들은 아래와 같다.

종렬 1- 혈족 관계의 과대평가
종렬 2- 혈족 관계의 과소평가 예: 종렬 1의 정반대
종렬 3- 괴물을 죽임
종렬 4- 균형잡기와 서 있는 자세의 어려움 이름에서

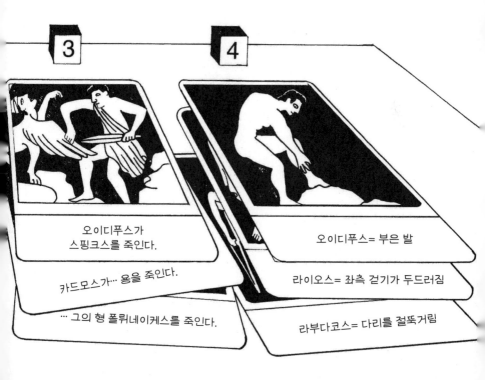

3

오이디푸스가
스핑크스를 죽인다.

카드모스가… 용을 죽인다.

… 그의 형 폴뤼네이케스를 죽인다.

4

오이디푸스= 부은 발

라이오스= 좌측 걷기가 두드러짐

라부다코스= 다리를 절뚝거림

레비스트로스에게 신화는 인간의 기원에 대한 거의 보편적인 관심을 표현한다. 인류는 땅/혈족에서 나오는가? 또는 인간의 번식reproduction에서 나오는가?

혈족의 과대평가와 과소평가 이후에 괴물은 ―땅/혈족의 피조물―죽임을 당한다. 남자 주인공들의 이름에서 서 있는 자세의 불균형과 무능력은 인간의 탄생에 대한 언급이다균형과 힘을 얻기 전까지는 서 있을 수가 없는 인간.

하지만 다른 많은 신화에서 서 있지 못하는 인간은 땅에서 나온다.

그러므로 네 개의 종렬은 인간 기원의 문제와 아울러 거기에 수반된 모순적 입장을 묻는 조건들을 재현한다.

어떤 의미에서, 오이디푸스 신화의 요소들 사이의 기호적 관계는 실제로 신화 일반의 성격에 관한 어떤 메시지를, 특별히 인간의 기원과 관련되는 것들에 대해 알려준다.

유럽 지성
인들에게 '원
시적' 사회라
고 불리는 것에
대한 레비스트로스
의 대담한 관찰은 문화 일
반에 대한 전적으로 새로운 영역을
가능하게 했다.

신화에 관한 레비스트로스의 견
해는 대략 1960년대 파리 학파를
구성했던 텍스트 현상에 관한 특정
한 구조주의 연구에 기여하였다.

내러티브 구조 분석의 분야에서
레비스트로스의 연구는 알기르다
스 줄리앙 그레마스Algirdas Julien Gre-
imas, 1917~92와 클
로드 브레몽Claude
Brémond, 1929~2021의
연구의 전조가 되고
그 연구들과 겹쳐진다.
같은 시기 동안 이미지를 폭
넓게 다루는 파리의 학술지,《커뮤
니케이션Communications》은 많은 영
향력 있는 구조주의 연구자들의 논
문을 출간했는데, 사진 연구의 롤
랑 바르트, 영화 연구의 크리스티
앙 메츠Christian Metz, 1931~93, 시학 연
구의 츠베탕 토도로프Tzvetan Todorov,
1939~2017가 있다.

구조주의

실제로, 기호학적 분석의 동의어로서 '구조주의'는 큰 유행이 되었다. 1967년에, 프랑스 문예지《깽젠느 리테레르Quinzaine Littéraire》는 울창한 나뭇잎 사이에서 풀잎으로 된 치마를 입고 있는 선도적인 구조주의 지지자들을 묘사했던 만화를 여러 차례 출판했다.

젊은 미셸 푸코Michel Foucault, 1926~84가 생동감 있게 그의 청중에게 강의한다. 청중은 팔짱을 끼고 책상다리를 하고 앉아 있는 정신분석학자 자크 라캉 Jacques Lacan, 1901-81, 레비스트로스평소처럼 현장 메모를 하고, 롤랑 바르트편안한 자세로 깊은 생각에 잠긴 표정을 짓고 있는이다.

많은 논평가들은 '야생적' 환경이 레비스트로스의 우세함과 그의 인류학적 취향을 암시한다는 점에 동의한다. 더 중요한 것은 아마도 만화가 기호적으로 내포된 생각의 새로운 흐름에 의해 알려진 텍스트성을 넘어서는 영역을 예시하는 방식일 것이다.

포스트구조주의

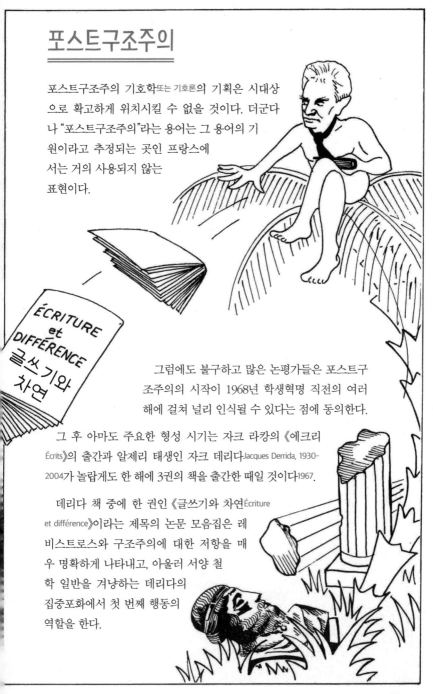

포스트구조주의 기호학또는 기호론의 기획은 시대상
으로 확고하게 위치시킬 수 없을 것이다. 더군다
나 "포스트구조주의"라는 용어는 그 용어의 기
원이라고 추정되는 곳인 프랑스에
서는 거의 사용되지 않는
표현이다.

ÉCRITURE
et
DIFFÉRENCE
글쓰기와
차연

그럼에도 불구하고 많은 논평가들은 포스트구
조주의의 시작이 1968년 학생혁명 직전의 여러
해에 걸쳐 널리 인식될 수 있다는 점에 동의한다.

그 후 아마도 주요한 형성 시기는 자크 라캉의《에크리
Écrits》의 출간과 알제리 태생인 자크 데리다Jacques Derrida, 1930~
2004가 놀랍게도 한 해에 3권의 책을 출간한 때일 것이다1967.

데리다 책 중에 한 권인《글쓰기와 차연Écriture
et différence》이라는 제목의 논문 모음집은 레
비스트로스와 구조주의에 대한 저항을 매
우 명확하게 나타내고, 아울러 서양 철
학 일반을 겨냥하는 데리다의
집중포화에서 첫 번째 행동의
역할을 한다.

포스트구조주의 비평가에게 핵심적인 것은 의미화에서 인간 주체의 역할에 관한 관심이다

구조주의 기호학은 기본적으로 주체를 구조의 '매개체bearer'로서 다루었다. 작용주체agency가 활동의 중심이 되기는커녕 인간은 혈족의 규범, 내러티브 과정들, 신화, 성별 관계 또는 고려되는 어떤 특정한 구조에 의해 장악되는 것으로 이해되었다.

이런 의미에서 구조주의 기호학은 그것의 방향성에서 '반인문주의자'였고, 게다가 그것은 많은 경우에 있어서 암울하게도 그러했다

혹자가 마르크스주의 철학자 루이 알튀세르 Louis Althusser, 1918-90의 저작과 미셸 푸코의 초기 저서들을—두 사람 다 이 시점에서 구조주의와 간접적인 관계가 있었다— 읽는다면, 인류의 전망이 정말로 암울해 보일 것이다.

74

1968년 5월은 포스트구조주의 기호학이 무엇을 의미하는지에 대한 대중의 인식을 높이는 결과로 이어졌다.

기득권을 갖는 그랑제콜Grande Écoles 에서 구조주의의 주된 투사들의 입지는, 그랑제콜과의 연관성으로 인해, 많은 학생이 저항했던 것에 반대하여 그들이 교육에서 엄격한 통제를 나타내게 될 수 있다는 점을 의미했다.

하지만 더 중요하게는, 학생과 파업하는 노동자들의 의해 프랑스를 거의 혁명에 근접하게 했던 것으로 보이는 작용주체와 간섭주의는 근본적으로 구조주의 교육의 규제적인 '반인문주의'와는 상충되었다.

분명하게 체계에 의한 지배를 통한 결과물 그 이상의 것으로서, 그리고 순수한 작용주체 그 이하의 것으로서 주체성을 이해해야 하는 필요성이 있었던 거지.

그런데도 그 혁명은 실패했어.

인문학부

MAI 68

소쉬르의 랑그 개념은 언어 사용자를 기호 간 차이의 순환에서 단지 하나의 분기점으로 만들었다.

논리적으로 차이의 저장고나 벽장은 주체나 언어 사용자가 와서 발화를 조합하도록 항상 열려 있는 것처럼 보였다.

대신 기호는 잠재적 기호 사용자가 이미 품고 있는 정신의 개념들을 나타내기 위한 자의적 표기법으로서 고안되었다.

그러한 방식으로, 인간이 체계와 맺는 관계는 대체로 '기능주의적인' 편리성에 기초하였다.

포스트구조주의가 기호 사용자를 이해하는 방법은 매우 다르다. 저명한 프랑스 언어학자 에밀 벵베니스트Émile Benveniste, 1902~76는 일찍이 1939년에 소쉬르 기호에서 '자의성'에 관한 자신의 의구심을 나타냈다.

그의 의견은 기호적인 주체를 이론화하기 위해 중요할 것이다.

기표물질적 표기법와
기의기표로 발생된 정신적 개념의 관계는
기호 사용자에 의해 어린 나이에 완전하게
학습되기 때문에 사실상
그 둘 간의 어떤 분리도 경험될 수 없습니다.

다른 말로 하면, 영어 화자에게 'tree'라는 말은 기표와 기의가 연결하는 과정이 심지어 발생하지 않은 것처럼 느껴지는 그러한 직접성으로 '나무성'의 정신적 개념을 불러일으킨다.

정신에서 일어나는 것이 '자의적' 연결이라기보다는 순간적인데, 뱅베니스트에게 기의와 기표 사이의 관계는 **필연적**이기 때문이다.

하지만 의미화 과정에서는 자의적 관계가 존재한다. 이 관계는 전체 기호기표와 기의와 실제 세계의 사물 사이에 일어난다.

이것이 왜 중요한가?

다음과 같은 점을 생각해 보자. '나'라는 단어는 언어 공동체 전체에 의해 사용된다. 고유명사예: 존 스미스를 사용하는 대신에 자신을 나타내기 위해 개인들에 의해서 사용된다.

따라서 소쉬르에게 '나'는 확실히 기표와 기의 간의 자의적 관계를 포함하는 기호이다.

그러므로 '나'는 실제 나me가 아니지. 'I'를 사용하는 것은 단순히 나 자신의 외부에 존재하는 의미화 체계에 동의하는 것이고, 공동체가 소유한 저장고에서 나온 단어들을 사용하는 것이야.

그리고 그 저장고는 다른 많은 단어를 포함하고 있으며, 그 각각의 단어는 고정된 개념을 갖는다.

하지만 'I'라는 단어는 이러한 고정된 개념이나 기의를 갖지 않는다. 반대로 'I'는 그것이 발화에서 사용되는 매회 다른 어떤 것을 의미한다. 그 단어는 'I'라는 범주를 사용하는 사람을 가리킨다.

하지만 이보다 더 중요한 것은 'I'의 사용이 효율적으로 언어 체계에 대한 동의라고 할지라도 그것이 그렇지 않게 느껴진다는 사실이다.

벵베니스트를 따르면, 'I'는 그것의 내적 관계가 **필연적인** 기호이다.

어떤 사람이 단어 'I'를 사용할 때, 그 사람은 사실상 '실제 나me'를 나타내는 것처럼 느낍니다.

하지만 그 사람은 '실제 나'를 가리키는 것은 아니다.

'I'는 단순히 언어적 범주이다. 그것은 나 자신과 비슷하지 않고, 그것은 나처럼 걷지 않으며, 그것은 내가 얼마나 목마른지 표명하지 못한다. 간단히 말해, 그 단어는 나의 온전함을 결코 간파할 수 없다.

가령, "나는 바나나를 좋아해."의 경우처럼 내가 발화하는 파롤의 한 예가 존재한다.

그러나 바나나를 좋아한다는 파롤의 사례에서 'I'는 그 파롤을 발화하는 사람과 같지 않다그 발화자는 또한 사과, 오렌지, 포도 그리고 사실상 바나나를 정말로 좋아하지 않고 단지 그/그녀는 그렇다고 말하고 있었다.

81

그러므로 주체와 의미화 체계 사이의 관계는 복잡하다.

언어 기호를 사용할 때, 기표와 기의 사이의 관계는 견고해서 필연적, 거의 제2의 자연이다. 언어 사용자는 자신이 언어와 매우 가깝게 연결된 것처럼 느낀다.

하지만 사실상 언어 체계는 인간 주체의 외부에 존재한다. 언어 사용자는 근본적으로 기호 체계에서 분리된다. 그 체계가 언어 사용자가 표현하는 것을 가능하게 하는 것은 그/그녀가 실제로 느끼는 것에서 멀리 떨어져 있다.

예를 들어, 주체는 그/그녀가 바나나를 좋아한다고 표현할 수도 있고, 그리고 논리적으로 이 진술은 그/그녀가 그/그녀 자신에 대해 표현할 수 있는 다른 모든 선호감과 일관될 수도 있다.

ME

I

ME

me

하지만 그/그녀가 표현하지 못하는 것이 있다. 예를 들어 바나나를 좋아하지 않는 무의식이다.

자크 라캉에게 이 무의식은 어떻게 인간 주체가 즉시로 그/그녀의 재현 수단에서 분리되면서 동시에 바로 그 재현의 수단에 의한 주체로서 구성되는지를 보여주는 중요한 요소이다.

라캉은 소쉬르의 도식 또는 기표/기의의 '알고리즘'을 가져와서, 무의식이 어떻게 인간이 기호와 맺는 관계를 상정하는지를 보여준다.

"I"

ME

ME

me

"I"

ME

me

기의
기표

"I"

개념기의은 제1위이고 알고리즘의 맨 위에 서 있고, 실체기표는 2차적이며 맨 아래 위치한다. 화살표는 둘의 분리불가능성을 시사하며, 이 점으로 인해 기표가 기의를 불러일으키며, 기의는 기표를 요구한다.

"I"

me

기호의 이러한 형태에 수반된 인간과 기호의 관계는 '순수한' 기의가 기호 사용자의 정신 내에 존재하는 관계이다.

　이러한 기의는 매개로 인해 전적으로 제약받지 않는 일종의 관념이다. 그 기의는 또한 매혹적으로 논리적인 것처럼 보인다. 가령 아이가 고양이가 무엇인가라는 개념야옹 소리를 내고, 생선을 먹고, 굵고, 등등을 얻고, 나중에야 어른에게 문제의 그 실체가 '고양이'라는 이름으로 불린다는 것을 듣게 되는 것처럼 말이다.

라캉은 소쉬르의 기호 도식을 가져와서 그것을 뒤집어 놓는다.

순수한 기의 대신에 라캉은 전적으로 이미 존재하는 매개의 결과인 정신의 개념을 제시한다.

이러한 논증은 확고한 예가 사용된다면 더욱 타당할 것이다. 라캉은 아래와 같이 나타나는 두 개의 공중화장실 문을 선택한다.

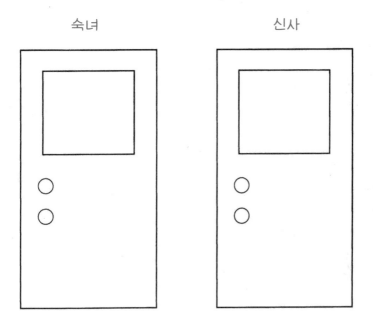

숙녀　　　　　　　신사

이렇게 표현되면서, 문은 소쉬르에 의해 고안된 것으로서 기호 도식처럼 보인다.

면밀한 검토를 통해 두 문이 똑같고 각각의 문에 부착된 표기가 도식의 맨 위에 보인다는 점이 드러난다.

하지만 더 고찰하면, 두 문똑같게 보이는 사이의 차이는 본질적인 어떤 것에 의해 만들어지는 것이 아니다. 오히려 그러한 차이는 문에 달린 차이를 만드는 기표 때문에 만들어진다.

두 문 앞에 서 있는 개인은 문 뒤에 놓여 있는 상황의 잘 정의된 개념을 문 위의 기표들로부터 추리한다.

그리고 우리가 각 경우의 기표가 무엇을 나타내는지에 대해 생각할 때, 그 과정은 매우 중요하다. '숙녀'와 '신사' 사이의 차이는 서양문명의 구성원들이 일반적으로 적용할 수 있는 문화적 법칙을 준수하는 것을 가능하게 한다.

숙녀   신사

라캉이 관찰하듯이 사람들이 집에서 나와 있을 때 문화적 법칙은 성별이 다른 사람들이 볼일을 볼 때 적용하는 '비뇨기 분리' 법칙이다.

볼일을 보려고 할 때, 잘못된 문을 선택하는 당황스럽고, 무례하고, 어쩌면 심각한 실수를 피하는 것은 그러므로 두 기표가 정의하는 차이에 의존한다.

이 점은 우리가 앞에서 본 발달의 비유와 관련된다.

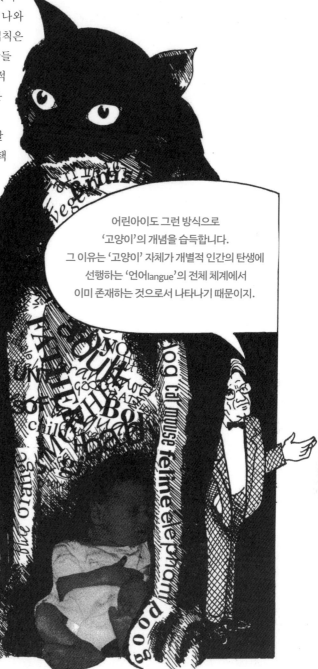

어린아이도 그런 방식으로 '고양이'의 개념을 습득합니다. 그 이유는 '고양이' 자체가 개별적 인간의 탄생에 선행하는 '언어langue'의 전체 체계에서 이미 존재하는 것으로서 나타나기 때문이지.

세계에서 그것의 공간을 차지하기 위해, 어린아이는 또한 언어에서 자리를 잡아야 한다.

주체가 되고 그/그녀 자신을 사회적 세계에 나타내는 것이 가능하도록 인간은 또한 이미 존재하는 의미화의 방법에 참여하여 그것을 습득해야 한다.

이러한 방법으로 라캉은 기표로 인해, 더 정확하게 랑그에서의 차이점으로 인해 지배되는 인간 주체를 이해한다.

따라서 라캉의 새로운 알고리즘의 공식은 아래와 같다.

$$\frac{S}{s}$$

하지만 더 중요하게 그 공식은 다음과 같이 작동된다.

우리가 여기서 경험하는 것은 단지 인간이 언어로 진입하는 그림이 아니다.

실제로는 인간이 바로 그 주체성이라는 것으로 진입하는 것이다.

그리고 그러한 주체성은 무엇으로 되어 있는가?

그것은 의미화의 무한한 그물망에 엮여 있다.

기호는 기의에서
기표로의 운동을 포함하며,
자족적이지 않습니다.
기호는 오히려 절대 만나지 않는
두 구별된 영역으로 구성됩니다.

대문자 'S'의 영역기표, 의미화가 작동하는 세계, 문화과

... 그리고 소문자 's'의 영역내적 세계 또는 의미화를 통해서 표현될 수 없는 것이 존재한다.

어떤 것도 대문자 S에서 소문자 s로 이동할 수 없다. 기표에서 기의로의 수직적인 운동은 없다. 운동은 수평적으로 일어나는데, 그 경우에 기의는 끊임없이 변하는 기표들 바로 아래 놓인다.

그렇다고 하면, 이런 의미에서 기의는 정의하기가 매우 어렵다순수한 것과는 거리가 멀다. 그것은 만져지지 않고, 붙잡기 어렵고, 미끄럽다이런 이유로 거의 잡히지 않는 소문자 's'와 대조적으로 실질적 표기는 대문자 'S'로 나타내어야 한다.

하지만 이러한 모든 것이 주체가 의미 있는 것을 말하거나 행하는 것을 완전한 엉터리로 만드는 무한한 놀이에 갇혀 있다는 것을 의미하지 않는다.

라캉은 핵심적 기표들을 가구의 경우에서처럼 봉합점points de caption 또는 '소파천을 고정하는 단추'라고 부른다.

기호의 연속에서 봉합점은 공시적으로 그리고 통시적으로 작동할 수 있다.

기호 사용에서 참여자에게
어떤 의미를 '봉인하는' 작용을 하는
특정한 '핵심적' 기표들이 존재하지.

통시적으로, 문장, 통합체, 또는 하나의 담론이 전개되면서 각 기호는 그것에 앞서는 기호를 한정하게 될 것이다. 그러므로 의미는 소급해서 구성될 것이며, 통합체의 결정적인 상황에서 봉합점으로서 '봉인' 될 것이다.

공시적으로, 기호는 항상 기존의 의미가 있는 것처럼 보이지만, 실제로는 외부로부터 구성되었던 그러한 방식으로 기호에서 S/s 표기는 '봉인'되거나 봉합점으로서 함께 고정된다

종종 이러한 구성은 그것의 소급하는 추진력에 의해 힘이 증진되는 '핵심' 또는 '마스터' 기표의 측면에서 일어난다.

이것의 일반적 예는 정치적 담론에서 단어의 '봉인하기'이다.

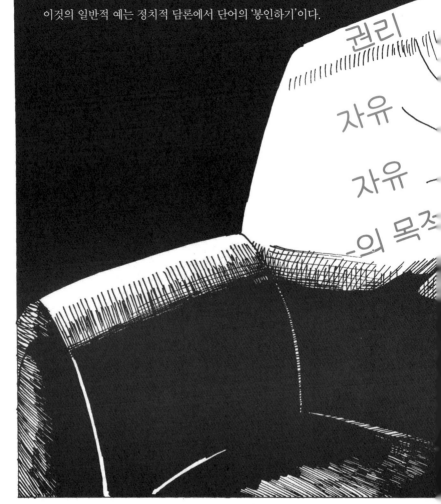

기호 체계와 주체성의 관계에 대한 구성은 분명히 매우 중요하다.

기표 '자유'는 지속적으로 1980년대 마가렛 대처 아래 영국에서 매우 특징적인 방식으로 '봉인'되었다. 이는 그 기표가 병치되었던 다른 기표들과 그 위에서 작동했던 '마스터' 기표들의 작용의 결과로 일어났다.

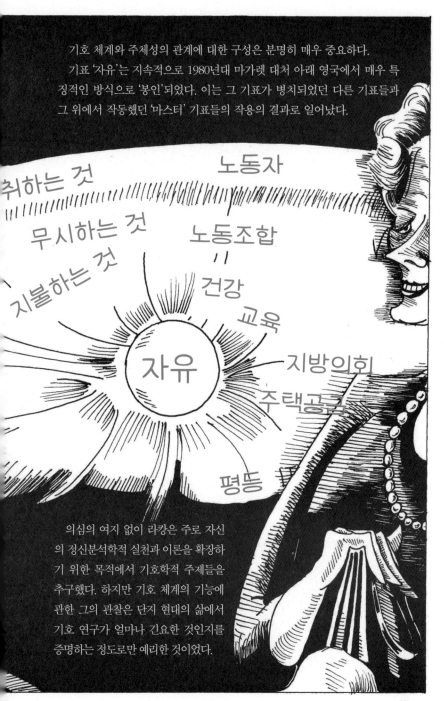

노동자

취하는 것

무시하는 것

노동조합

지불하는 것

건강

교육

자유

지방의회

주택공급

평등

의심의 여지 없이 라캉은 주로 자신의 정신분석학적 실천과 이론을 확장하기 위한 목적에서 기호학적 주제들을 추구했다. 하지만 기호 체계의 기능에 관한 그의 관찰은 단지 현대의 삶에서 기호 연구가 얼마나 긴요한 것인지를 증명하는 정도로만 예리한 것이었다.

데리다에 의해 수정된 기호학 형태에서 주체가 어느 정도 덜 명확하게 함축되어 있지만, 인간이 재현 체계와 맺는 관계와 관련하여 그의 연구는 명확한 결과에 이른다.

소쉬르에 대한 데리다의 비판은, 그에 따르면, **로고스 중심주의**세계를 설명하는 말에 가정된 합리적인 힘의 치명적 오류를 범했던, 플라톤 이후 서양의 모든 주요 철학자들에 대한 사실상 공격의 일환을 이룬다.

데리다가 텍스트성에 관하여 입증하려고 하는 것은 '합리적' 사고라는 전체 기획을 심각하게 위협한다.

이 같은 위협의 중심은 **차연**différance의 개념이다.

표현으로서 차연은 랑그를 뒷받침하는 원리로서 소쉬르가 주장하는 **차이**difference와 명백히 공명한다. 하지만 데리다에게 소쉬르의 차이는 충분하지 않고, 단순히 차이에 충실하지 않다.

데리다는 매우 빈틈없는 책략에 의하여 이러한 사실을 확고히 한다. 1950년대와 1960년대에 프랑스 지성계에서 대중화되었던 《일반언어학 강의》를 받아들이는 것보다, 그는 소쉬르의 텍스트로 돌아가서 전반적으로 간과됐던 그러한 부분들을 검토한다.

《일반언어학 강의》한 장 전체를 포함하여의 여러 단계에서 소쉬르는 그의 주된 연구 대상인 발화speech와는 대조적으로 글쓰기에 관해 여러 가지 점들을 말한다.

그중에서 중요한 것은 의미화의 '이차적' 형태로서의 글쓰기에 관한 반복되는 주제이다.

기묘하게도, 소쉬르가 발화에 대한 핵심을 설명하기 위해 글쓰기를 사용할 때, 그는 자의적 기호의 유사한 체계로서 그 핵심을 다룬다. 예를 들어 글자 't'는 그것의 표기가 모든 다른 쓰여진 글자와는 구별되는 그런 방식으로 기능할 뿐이라고 그는 진술했다.

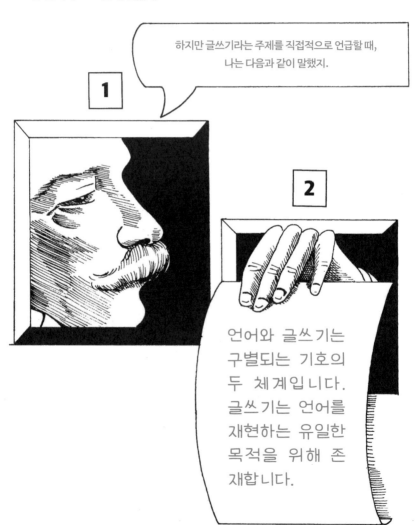

데리다에 따르면, 간단히 말해 소쉬르가 하는 것은 발화된 기표가 어떤 방식에서 기의에 더 가깝다는 인상을 줌으로써 글쓰기보다 발화에 특권을 주는 것이다.

발화 형태만이 [언어학의] 대상을 구성하지.

물론, 처음부터 소쉬르는 기의를 일종의 '사고-소리thought-sound'로서 형식화한다.

그리고, 글쓰기는 그 본질에서 기본적으로 의미화가 무엇인지에 의해 뒷받침됨으로써 외부에 존재한다.

데리다에게 이는 소쉬르의 로고스 중심적 경향에 대한 비판을 뒷받침하는 증거가 된다. 플라톤 이후 대부분의 서양 철학에서의 경우처럼, 우리는 **매개**글쓰기, 이차적 체계의 오염시키는 힘으로 인해 침범당한 **순수성**기의를 포함하는 발화된 기호의 시나리오에 직면한다.

오염으로 마음 상하는 대신 데리다는 우리에게 그것과 함께 살기를 권고한다.

그것을 좋아하든 말든, 매개는 삶의 방식이지.

초월적 기의

소쉬르가 정말로 차이의 원리를 믿었고, 더욱이 그가 단도직입적으로 일반적 기호학을 발전시키려고 했었다면, 그는 발화와 글쓰기 둘 다 차이의 체계로서 일컬어야 했다.

하지만 분명하게, 소쉬르는 차이의 흐름이 - 특히 음성 기호에서- 중단될 수 있고, 기표가 가리키는 안정된 개념에 접근할 수 있다는 생각에 큰 관심을 둔다.

데리다는 이러한 불가능한 안정된 개념을 '**초월적 기의** transcendental signified'라고 부른다.

'초월적 기의'는 위안을 주는 환상인데 그것이 실제로 기호 사용자가 다음과 같이 말하는 것을 가능하게 하기 때문이다. "우리는 거기에 도달한다. 기호 간의 이러한 모든 차이 후에 우리는 마침내 궁극적인 의미를 얻었다."

이러한 궁극적이며, 안정된 의미는 세속적인 의미가 될 수 있다. 하지만 '초월적 기의'는 그 의미가 예컨대 '신' 또는 '자연법칙'과 같은 형태로 나오게 될 때 특히 유용하다.

> 나는 법칙이다! 그것이 나를 초월적 기의로 만드는가?

DIFFERENCE

차이

> 현재로는 그 질문에 대한 답은 유보하기로 하자.

데리다의 차연différance 개념은 위의 생각과 대조된다. 차연의 개념은 소쉬르의 차이différence의 개념을 확장하지만, 그것이 불어로 정확히 똑같은 방식으로 발음되기 때문에, 'e' 대신에 'a'로 표기된 글쓰기에서 보여질 때만 두 개념이 구별되어 인식될 수 있을 뿐이다.

차연

DIFFERANCE

99

기호의 가치는 그것이 인접한 기호들 그리고 모든 다른 기호들과 차이가 있다는 사실에서 나온다. 차연différance은 이 점을 포함하지만, 그것은 또한 기호의 가치가 즉각 결정되지 않는다는 점을 보여준다. 다시 말해 기호의 가치는 통합체에서 다음 기호가 그것을 '한정할' 때까지 연기된다.

영어 노래에서 통합체의 예를 들어보자.

"열 개의 녹색 병들"

우리가 왼쪽에서 오른쪽으로 읽어나갈 때, '열 개'는 '열 개의 무엇?'에서

'열 개의 녹색 어떤 것'이 라는 대답으로 변형된다.

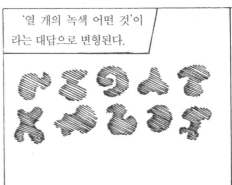

그리고 질문 '열 개의 녹색 무엇?'은 '열 개의 녹색 병'으로 한정된다.

따라서 또다시 소급하여 발견하는 의미가 존재한다.

지금까지는 좋다.

우리가 이 통합체를 아래와 같이 확장한다면,

Ten green bottles standing on a wall

"열 개의 녹색 병들이 벽에 세워져 있다"

그러면 추가되는 한정이 일어난다. 열 개의 물건은 벽 위에 세워져 있는 물건이 되며, 그리고 '열 개의 무엇?'에 대한 '대답'은 다시 연기된다.

병이 어디에 세워져 있느냐는 우리의 대답이 연기되었으므로 '벽'에 이르게 될 무렵에는 우리는 그 벽이 맨 벽이 아니라 열 개의 병이 세워져 있는 벽으로 예상한다.

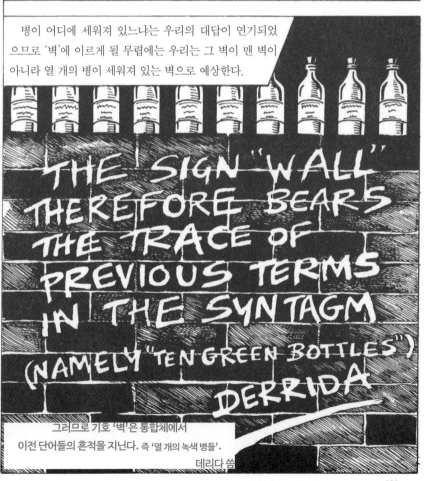

THE SIGN "WALL" THEREFORE BEARS THE TRACE OF PREVIOUS TERMS IN THE SYNTAGM (NAMELY "TEN GREEN BOTTLES")

DERRIDA

그러므로 기호 '벽'은 통합체에서 이전 단어들의 흔적을 지닌다. 즉 '열 개의 녹색 병들'.

데리다 씀

하지만 이 점을 생각해보라. '열 개의 녹색 병들'이, 차연에서 지연의 과정 때문에, 뒤따르는 '벽'의 흔적을 포함하고 있지 않은가?

'벽'이 실질적으로 그 같은 특정 통합체의 미래에서 온 단어라고 가정하면, 그것은 이상한 명제이다. 하지만 의미가 나중까지 계속해서 지연된다면 그렇게 이상하지는 않다.

'열 개의 녹색 병들'이 또한 이전 통합체의 흔적을 지니는 방식에 대해서도 생각해보라. 많은 사람들이 그 노래가 이어서 일어나는 한정과 함께 한동안 계속되리라고 예측할 것이다.

추정상 열 개의 녹색 병들은 차연을 설명하기 위한 목적으로만 소개된 독특한 통합체였다.

하지만 그것은 독특한 통합체가 아니다. 그 통합체는 이 노래에 대한 모든 다른 해석의 흔적을 지니고 또한 모든 미래의 해석도 지닌다.

부가적으로 발생되는 문제
는 모든 텍스트가 다른 텍스트
의 흔적에 의해 횡단된다는 가
능성이다.

이것이 무슨 의미인가?

이 점에 대해 생각하는 가장 쉬운
방법은 암시가 풍부한 텍스트를 상상해
보는 것이다.

우리가 T. S. 엘리엇의 난해한 시, 〈황
무지The Waste Land〉1922로 시작해서 멜 부
룩스 히치콕에 대한 패러디/헌사인 〈고
소공포증High Anxiety〉1978 이르는, 이런 종류
의 인공물을 택한다면, 흥밋거리가 다양한 차원
에서 발생한다는 점이 확실하다.

두 텍스트에 들어있는 과거 작품에 대한 모든 관
련 자료를 인식할 필요 없이 두 텍스트를 즐기는 것
이 충분히 가능하다.

하지만 우리가 단지 그러한 관련 자료를 알아차리지
않았다고 해서 그것이 거기에 존재하지 않는 것을 의미하
지 않는다.

의심의 여지 없이, 차연의 현상은 우리가 의미화 과정에 큰 영향력을 가질 수 있는 합리적 존재라고 우리 자신을 착각하게 만드는 방식을 매우 잘 요약한다.

차연은 바로 그러한 성격으로 인해 그것의 흐름을 중단하는 시도에 저항한다.

마찬가지로 라캉이 의미화의 '결과물'로서의 주체에 대해 설명하는 것은 자발적인 방식으로 의미화 체계를 작동시키면서 그것의 외부에서 독립적으로 작용하는 인간의 합리성을 믿는 사람들에게 짜증을 불러일으킨다.

그러므로 포스트구조주의가 하는 일은 기호학에 관한 관심을 높이는 것이다. 의미화는 인간의 지식이 전적으로 개입된 강력한 체계가 된다.

1968년 5월 이후 유럽의 지성인 그룹에서 데리다와 라캉의 저작은 의미화와 인간 작용주체를 다시 생각하게 할 필요성에 대한 중요한 표명으로서 그 역할을 했다.

또 다른 중요한 인물인 푸코는 기호학에 대한 그의 지향성에 대해 덜 명시적이었다.

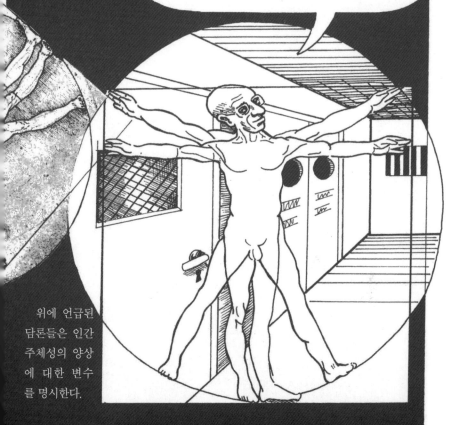

그럼에도 불구하고 나는 이산적 담론들을 발생시키는 의미화에서 특정 체제 '인간과학', 정신분석학, 범죄학, 심리학 등의 권력을 파악하려고 노력했어.

위에 언급된 담론들은 인간 주체성의 양상에 대한 변수를 명시한다.

포스트구조주의는 아마도 자기반성적으로 사람들과 의미화에 중점을 둔 이러한 구성 담론들 중의 하나일지도 모른다.

1970년대 그리고 1980년대 초기에 푸코와 라캉 두 사람은 영국에서 주요 지식인이 되었다라캉의 경우는 특히 영화이론에서 그리고 부적당한 부분이 삭제되어 편집된 형태에서 그러했다.

한편, 데리다는 종종 영국의 학술 기득권층에 의해 저지당했다. 심지어 1992년, 그가 아마도 세계적으로 가장 유명한 철학자였을 때, 케임브리지 대학교에서 그에게 명예 학위를 수여하는 것에 대해 반대가 있었다.

하지만 텍스트 연구 분야 주로 문학이론에서 데리다는 미국에서 일련의 교수직을 통해 대단한 권위자가 되었다.

데리다의 텍스트 해석 원리가 미국에서 대단한 환영을 받아야 한다는 것이 어쩌면 적절한 말 이었을지도 모른다.

예리한 독자는 특히 해 통해 데리다의 기호 이론이 찰스 퍼스의 '기호학semeiot 것이다.

석체와 무한의 세미오시스 개념을 만들어내야 하는 많은 주장이 ic'을 함축한다는 점을 인지할

106

미국 기호학

많은 논평가는 미국이 기호 체계를 선취한 오랜 역사를 가진다고 주장한다.

한편에는 미국 원주민의 추적 기술이 존재하는데, 이들은 동물을 뒤쫓고, 동물 포획을 촉진할 수 있는 기호를 해석하는 능력에 의존하여 살았다.

미국 문학이 시작되는 첫 사건 중의 하나인, 제임스 페니모어 쿠퍼James Fenimore Cooper, 1789-1851의 시리즈 소설 〈가죽스타킹Leatherstocking〉은 정확하게 이러한 점에 대해 칭송을 받았다.

다른 한편에는 성서 해석의 전통이 존재한다. 이는 17세기에 뉴잉글랜드를 구축했던 청교도의 성서 독해로부터 성문법을 거치면서 오늘날에도 두드러지는 언어에서의 정치적 정당성에 대한 투쟁에까지 이르며 미국 어디에서나 존재한다.

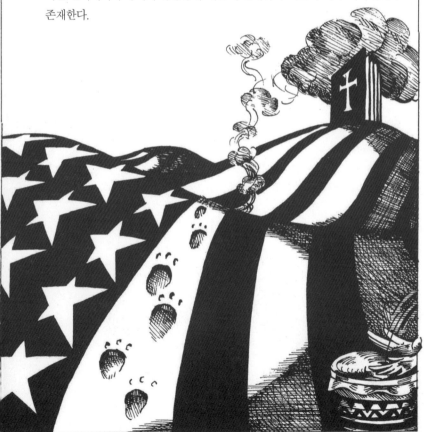

두 측면은 어떤 의미에서 '관습적'인 기호와 '자연적'인 기호 사이의 구분을 나타낸다. 만약 기호 과정이 의미화의 진행 중인 끊임없는 변화라면, 그러면 기호학은 기호의 교리이다.

미국의 기호학이 실제로 되게 만드는 것은 단지 트구조주의에서 탐사 적·문화적 기호 체계 류의 기호 상호작용 도에서 기원한다.

유럽의 기호학과 분리 구조주의와 포스 된 인간적·관습 보다는 모든 종 을 다루려는 시

기호 과정의 전체 영역, 곧 관습적 인 영역과 자연적인 영역에 관한 그 것의 관심에서 미국의 기호학은 두 광범한 분야의 탐구, 곧 **인간 기호학** 과 **동물 기호학**으로 구성된다고 말해 질 수 있을 것이다.

앞의 기술에서처럼 미국 기호학의 보편성의 수용은 사실상 명시적으로 '기호적'인 것으로 그 자체를 주장할 필요가 없는 많은 연구를 포함한다.

예를 들자면, 데이빗 에프론David Efron, 1904-1981에 의해 자세히 설명된, 오늘날 대중화된 '몸짓 언어' 또는 레이 버드휘스텔Ray Birdwhistell, 1918-1994의 '동작학kinesics에 대한 연구가 있다동작학은 줄리어스 패스트Julius Fast와 같은 사람들에 의해, 특히 1970년대에 대중화됨.

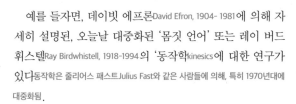

다른 영역에서 저명한 사상가들은 유사하게 기호학적 소관을 가지고 연구했다. 그중에는 사회학자 어빙 고프만Erving Goffman, 1922-82, 커뮤니케이션 이론가 그레고리 베이트슨Gregory Bateson, 1904-80, 문학 비평가 케네스 버크Kenneth Burke, 1897-1993가 있다.

하지만 퍼스의 죽음과 1931년에 출판되는 그의《퍼스 선집Collected Papers》준비과정 사이의 시기는 미국 기호학에서 종종 휴지기간으로 간주된다.

이 시기에 가장 영향력 있는 연구는 1923년에《의미의 의미The Meaning of Meaning》라는 저서를 출간한 두 영국 학자, C. K. 오그덴C. K. Ogden, 1889-1957과 I. A. 리처드I. A. Richards, 1893-1979의 연구에서 나타났다.

미국에서 그 책이 수용되고, 부록 D*에 나타난 퍼스에 대한 생동감 있는 설명에도 불구하고, 이 책의 출판 상황은 기호학 연구의 영미 전통을 구축하지 않았다.

빅토리아 웰비 여사Victoria, Lady Welby, 1837-1912—지금은 주로 퍼스의 서신 교환자로서 알려진—의 연구를 간과한 것 외에도, 영국 기호학은 버트런드 러셀Bertrand Russell, 1892-1970과 루트비히 비트겐슈타인Ludwig Wittgenstein, 1889-1951 전통에서 철학적 연구에 묻혀 있었다.

* 《의미의 의미》의 부록 D(Appendix D)에서 두 저자는 기호, 상징, 사고, 사물과 관련하여 의미에 대해 사유한 사상가들을 언급하는데, 후설, 버트런드 러셀, 프레게 등을 포함한 사상가에 대해서는 간략하게 설명하는 것과는 대조적으로 퍼스에 대해서는 자세히 언급하며 상세한 해설을 한다.

20세기 미국 기호학에 주요한 공헌자 다수는 뛰어난 이주자들이었다. 그러나 퍼스 이후 첫 번째 주요 사상가는 미국 땅에서 출생했다.

그 사상가는 G. H. 미드G. H. Mead, 1863-1931 아래서 공부했던 찰스 모리스Charles Morris, 1901-79이며, 미드 자신은 퍼스의 친구이자 동료인 윌리엄 제임스William James, 1842-1910 아래서 공부했었다.

모리스는 퍼스에 대해 다음과 같이 말했다.

"기호에 대한 그의 분류, 동물과 인간의 기호 과정을 완전하게 분리하는 것에 관한 그의 반대, 언어적 범주에 대한 종종 예리한 그의 발언, 그가 기호학을 논리학과 철학의 문제에 적용하는 것, 그의 관찰과 구별이 갖는 일반적 감각은 기호학에 관한 그의 연구를 이 분야의 역사에서 그것에 필적할 연구가 거의 없는 자극의 원천이 되도록 만든다."

《기호 이론의 토대Foundation of the Theory of Signs》1938로 모리스는 기호학 연구의 중대한 방향 전환을 시작했다.

모리스는 '행동주의'가 미국 사상을 지배했던 시기에 자신의 첫 연구를 수행하였다. 러시아 생리학자 I. P. 파블로프I. P. Pavlov, 1849-1936의 연구에 의지하면서, 많은 미국 학자들은 인간과 동물의 행동을 물리적 자극에의 반응이라는 면에서 고찰했다.

레오나르드 블룸필드Leonard Bloomfield, 1887-1949 같은 행동주의자 언어학자에게 언어는 주어진 자극에 대해 연속적인 대체 반응들로서 이해될 수 있다. 더 나아가 이러한 반응들은 '사고'와 '언어' 사이의 관계에 관한 어떤 이론의 결과로서가 아니라 인간의 행동에 비추어 관찰된다.

모리스는 마찬가지로 기호과정을 일련의 관찰 가능한 사건으로서 생각했다.

그것[…]은 시작과 최종의 목표를 갖는 유기체에서 일어나는 모든 변화로 구성되지. 그 마지막 목표는 충동으로 결정돼.

'행동'을 형성하는 이러한 연쇄는 이것[….]으로 구성되지.

파블로프
1849~1936

당신이 최근에 안정된 집을 원하는 떠돌이 고양이를 받아들였다고 상상해 보라. 그 고양이는 완전히 집생활에 훈련되지 않은 상태이고, 그래서 당신은 잠잘 시간에는 그 고양이가 잘 수 있고, 물을 마실 수 있는 특정한 방에 들어가고, 혼자 힘으로 집을 나갈 수 있게 되기를 바란다.

처음에, 당신은 포장 상자에서 꺼낸, 생선 냄새가 나는 고양이 먹이를 주면서 고양이를 방으로 오도록 유인한다.

하지만 이것이 몇 밤이 지속되자 고양이는 거기에 익숙해지면서, 고양이 먹이 포장 상자의 바스락거리는 소리를 들으면 그 고양이가 즉시로 방에 들어온다는 것을 당신은 알아차린다.

결국, 당신은 생선 냄새가 나는 먹이가 다 떨어졌을 때, 바스락거리는 소리만으로 새로 길들여진 고양이를 원하는 장소로 유인하게 될 것이라는 점을 발견한다.

모리스의 행동주의 기호학의 측면에서 바스락 소리를 내는 포장 상자와 동반된 원래 고양이 먹이는 바스락거리는 소리만으로 그 음식의 기호로 기능하도록 하는 성향을 형성한다.

고양이가 바스락 소리를 먹을 수 없다는 사실 –원래 고양이 먹이는 먹을 수 있지만– 은 그 바스락 소리를 퍼스식의 의미에서 대상을 대신하는, 기호와 매우 유사한 것으로서 정의한다.

이 연쇄에서 자극 대상 예. "고양이먹이"이 존재한다.

일련의 반응들

목표로 인도되는 종결적 반응
예, 고양이 먹이를 먹는 것

이것이 모리스가 반응-연쇄라고 부르는 것이며, 이는 목적이 고양이가 먹이를 먹는 것으로 충족되므로 완료된다.

고양이가 관습적 목표를 성취할 수 없는 곳에: 바스락 소리를 먹을 수 없다에 반응-연쇄의 미완료가 존재한다.

모리스가 이러한 틀 안에서 퍼스의 기호에 관한 기술을 수정한다.

모리스에게, 반응-연쇄는, 우리가 다음 페이지에서 알게 되듯이, 다음과 같은 것으로 구성된다.

바스락
바스락
바스락

CAT BEATS

기호A sign=예비적 자극.
이것은 퍼스의
기호/표상체sign/representam-
en와 유사하다.

해석자An interpreter
=어떤 것을 기호로 여기는 유기체

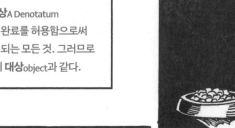

지시 대상A Denotatum
= 반응–연쇄의 완료를 허용함으로써
성향을 실현하게 되는 모든 것. 그러므로
이것은 퍼스의 **대상**object과 같다.

의미 대상
A Significatum
= 어떤 것이 기호의
지시 대상이 되도록
하는 조건.
이것은 퍼스의
기반ground의
개념과 다르지 않다.

해석체An Interpretant
= 반응–연쇄에 참여하는 해석자에
게 기호에 의해 유발되는 성향.
이는 퍼스의 용어와 같다.
특히 해석체가 **표상체**representamen
를 **대상**object과
연결시키는 제3의 용어이기
때문이다.

이러한 도식은 모리스가 '당
시에는 자극이 아닌 어떤 것의
측면에서 행동에 영향을 주는
어떤 것'으로서 기호를 이해하
는 토대를 제공한다.

하지만 이러한 원리가 의미
화의 다른 영역으로 확장될 때,
모리스는 행동주의 일반에 제
기된 비평의 종류에 취약하다.

모리스가 기술하는 의미화의 다른 시나리오는 전방에 산사태가 발생한 것을 알게 되었을 때, 예정된 노선에서 우회하는 화물차 운전자를 포함한다.

우회로

분명하게, 모리스의 도식에서 지시 대상은 산사태 자체가 되어야 한다. 마찬가지로, 해석체는 정보를 제공하는 기호에 의해 나타내진 산사태를 피하려는 성향이다.

하지만 우리는 산사태지시 대상, 정보를 제공하는 기호, 해석자 그리고 최종 목표를 단순하게 관찰함으로써 위의 언급된 내용을 확신할 수 있는가?

보다 구체적으로 말해 운전자의 반응-연쇄를 활성화하는 것이 지시 대상인가?

음식의 존재또는 약속가 고양이를 특정한 방식으로 반응하게 할 수 있다. 하지만 그것이 인간의 동기에 적용될 때는 복잡성이 개입된다.

성공적인 우회의 역량이 산사태를 피하기 위한 성향을 만들게 될 수도 있다. 정각에 목적지에 도착하려는 강력한 욕구가 산사태를 피하는 것에 영향을 끼칠 수 있다.

산사태가 위에 언급된 것처럼 관찰될 수 있을지라도, 각 경우에서 그것은 지시 대상이 아니다.

우회로 →

더 나아가 다른 경로가 없는 경우는 반응-연쇄를 일으키지 않고, 단지 운전자가 봉쇄된 길에 직면하여 차를 세우고 있는 반응-연쇄의 형태로서 관찰될 수 있다.

모리스의 행동주의 기호학이 의미화 분야에서 미국에서 다른 연구 영역과의 지적 협력 가능성을 배제했을 수도 있다.

기호 체계에 관한 유럽의 전문가들이 문화, 커뮤니케이션, 미디어 연구의 형성에 영향력이 있었던 반면에, 이 같은 분야에서 미국의 선구자들은 기호학보다는 그것과 연관된 주제인 사이버네틱스, 정보, 매스 커뮤니케이션 이론에서 확인되었다.

1950년대 다른 여러 분야의 이론가들은 메시지나 신호 전달과 관련된 요소들을 연구하였다.

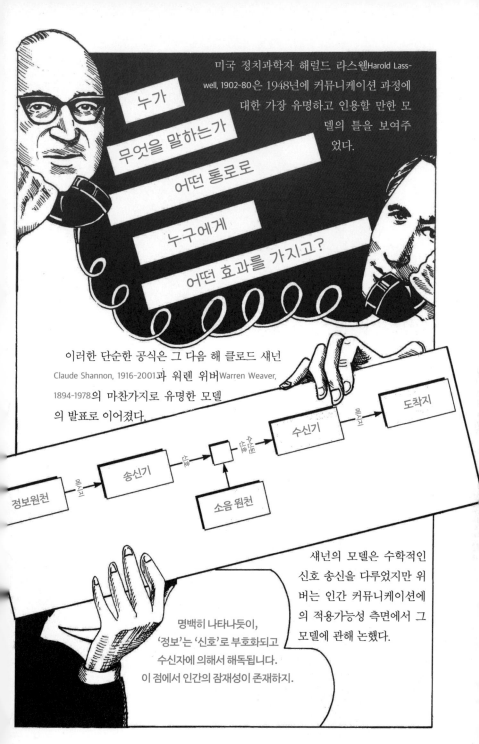

미국 정치과학자 해럴드 라스웰Harold Lass-well, 1902-80은 1948년에 커뮤니케이션 과정에 대한 가장 유명하고 인용할 만한 모델의 틀을 보여주었다.

누가

무엇을 말하는가

어떤 통로로

누구에게

어떤 효과를 가지고?

이러한 단순한 공식은 그 다음 해 클로드 섀넌 Claude Shannon, 1916-2001과 워렌 위버Warren Weaver, 1894-1978의 마찬가지로 유명한 모델의 발표로 이어졌다.

도착지

수신기

송신기

정보원천

소음 원천

섀넌의 모델은 수학적인 신호 송신을 다루었지만 위버는 인간 커뮤니케이션에의 적용가능성 측면에서 그 모델에 관해 논했다.

명백히 나타나듯이, '정보'는 '신호'로 부호화되고 수신자에 의해서 해독됩니다. 이 점에서 인간의 잠재성이 존재하지.

121

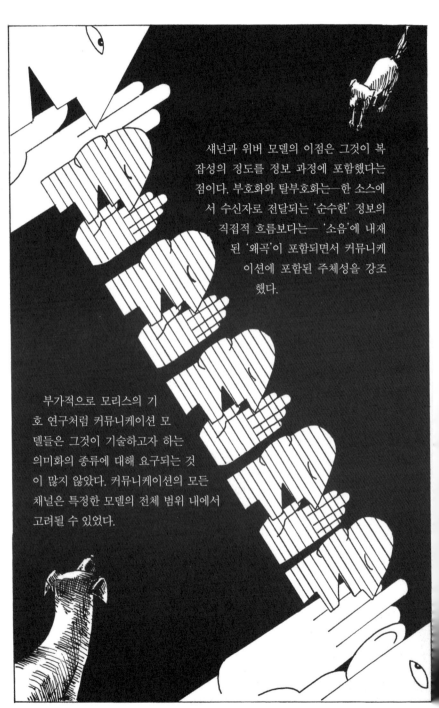

섀넌과 위버 모델의 이점은 그것이 복잡성의 정도를 정보 과정에 포함했다는 점이다. 부호화와 탈부호화는—한 소스에서 수신자로 전달되는 '순수한' 정보의 직접적 흐름보다는— '소음'에 내재된 '왜곡'이 포함되면서 커뮤니케이션에 포함된 주체성을 강조했다.

부가적으로 모리스의 기호 연구처럼 커뮤니케이션 모델들은 그것이 기술하고자 하는 의미화의 종류에 대해 요구되는 것이 많지 않았다. 커뮤니케이션의 모든 채널은 특정한 모델의 전체 범위 내에서 고려될 수 있었다.

사실, 1950년대 초기에는 사회학, 정치학, 기호학, 생물학, 언어학, 문학비평, 인류학의 요소를 포용하는 커뮤니케이션의 통합된 이론에 관하여 낙관주의 기류가 있었다.

이러한 기류는 특히 뉴욕과 시카고에서 열린, 인공두뇌학자 노버트 위너Nobert Wiener , 1894~1964, 인류학자 마거릿 미드Margaret Mead, 1901~78, 사회학자 탈코트 파슨스Talcott Parsons, 1902~79, 문학비평가 I. A. 리처즈I. A. Richards, 커뮤니케이션 이론가 그레고리 베이트슨Gregory Bateson 등등을 특별히 포함하는 일련의 학제간 컨퍼런스에 의해 나타났다.

하지만 커뮤니케이션 모델은—특히 섀넌과 위버의 뒤를 따라 발전된 모델들—기호 과정의 변천을 다루는 그것의 선형적 도식에 단순히 유연성을 포함하지 않았다.

기호과정

기호 과정의 복잡성과 직면하여, 모리스는 세 개의 분리된 영역으로 기호학을 구분했다.

첫째 영역은 기호와 다른 기호들과의 관계예를 들어 결합의 관계를 다루며, 모리스는 이를 **통사론**으로 불렀다.

두 번째 영역은 기호와 지시된 대상과의 관계예를 들어 지시하는 관계에 관심을 두었으며, 모리스는 이를 **의미론**이라고 불렀다.

세 번째 영역은 기호와 해석자의 관계예를 들어 강조의 관계로 구성되었으며, 모리스는 이를 **화용론**이라고 불렀다.

이러한 영역들은 현대 언어학에서 동일한 용어로 지칭되는 영역들과 다르지 않다.

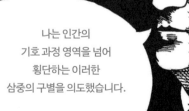

모리스

입술

눈

다이아몬드

나는 인간의
기호 과정 영역을 넘어
횡단하는 이러한
삼중의 구별을 의도했습니다.

모리스의 학생, 토마스 세비옥Thomas Sebeok, 1920-2001이라 불리는 박식가, 그리고 1950년대 컨퍼런스에 참여해 온 참가자는 세계 기호학에서 주요한 선도자가 되었다.

나의 연구는 행동주의의 교착상태를 초월하고 단순히 인간적 현상의 경계를 넘어 생산적으로 기호학을 이끄는 것이었어.

1920년에 부다페스트에서 태어난

세비옥은 1937년에 미국으로 건너가 시카고 대학에서 공부했고 그 이후로 프린스턴 대학에서 언어학자로서 대학원 공부를 계속했다.

따라서 세비옥은 독일 출신 에른스트 카시러Ernst Cassirer, 1874-1945, 오스트리아 출신 루돌프 카르납Rudolf Carnap, 1891-1970, 프랑스 출신 자크 마리탱Jacques Maritain, 1882-1973 같은 철학자들, 그리고 러시아 출신 언어학자 로만 야콥슨Roman Jakobson, 1896-1982과 함께 '미국 기호학'으로 알려진 혼종성을 이루는 여러 이주자 중의 한 명이다.

1943년 이후 세비옥은 블루밍턴의 인디아나 대학에서 가르쳤고, 이러한 기반에서 그는 새로운 책의 총서와 방치된 뛰어난 연구들을 편집하고, 1969년에는 세계기호학회IASS를 창립하고, 같은 해부터 다방면의 세계적 저널인 세미오티카Semiotica의 편집장 역할을 맡으면서 기호학을 위한 여론을 환기시켰다.

크게는 세비옥에 의해 설립된 이러한 행정적인 체계 덕분에 '기호학semiotics'이란 용어는 대서양 양쪽 모두에서 '기호론semiology'을 대신하게 되었다.

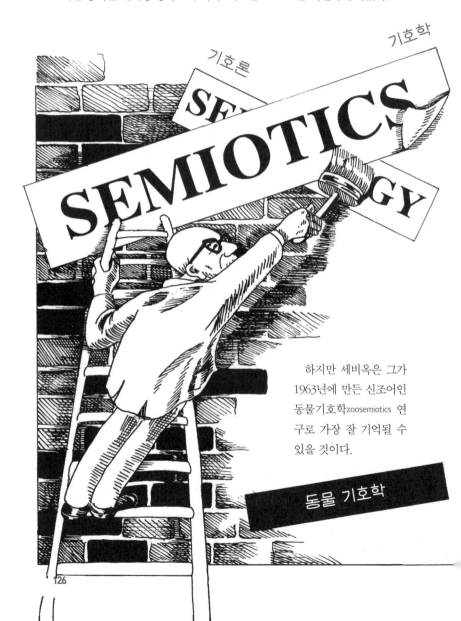

기호론

기호학

SEMIOTICS

GY

하지만 세비옥은 그가 1963년에 만든 신조어인 동물기호학zoosemiotics 연구로 가장 잘 기억될 수 있을 것이다.

동물 기호학

세비옥의 언어적 훈련은 그의 연구를 인간 커뮤니케이션의 영역으로 제한시키지 않았고, 비언어적 연구와 동물 영역의 면밀한 검토를 위한 추동력을 제공하였다.

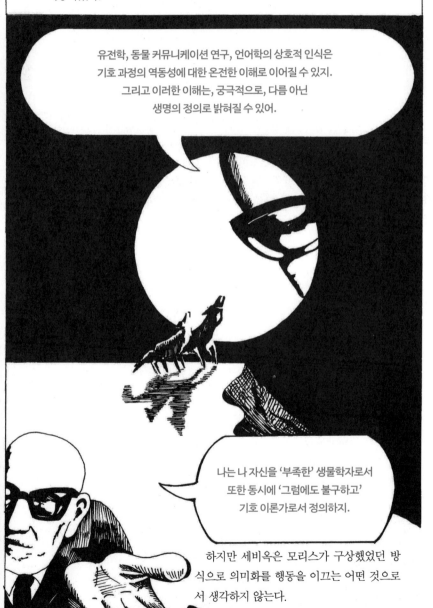

하지만 세비옥은 모리스가 구상했었던 방식으로 의미화를 행동을 이끄는 어떤 것으로서 생각하지 않는다.

세비옥에게 '동물기호학'을 규정하는 주요한 특성 중의 하나는 '인간 기호학'인 것과는 달리 그것이 언어 없이 존재한다는 점이다.

특히 제2차 세계대전 이후에 많은 연구가 동물 커뮤니케이션에 몰두하고 있었지만, 이러한 연구가 종종 잘못된 동물 '언어'를 상정하였다.

아마도 동물 기호에 대한 가장 유명한 연구는 1920년대 벌들의 '춤'을 관찰했던 노벨상 수상자, 칼 본 프리슈Karl von Frisch, 1886-1982의 연구일 것이다.

나는 벌집으로 돌아가는 벌이 비행하는 특정 궤적과 꼬리의 움직임이 동료 벌들에게 꿀이 있는 곳의 방향과 근접성을 지시한다는 점을 밝혀냈지.

마찬가지로, 새소리가 지역의 새소리들과는 구별되고, 확실하게 학습에 의존한다는 것이 자주 보고되는 새소리의 다양성에 관한 연구들이 있었다.

약간 다른 차원에서 사육장에 있는 어떤 고릴라들은 특정 수화를 많게는 224개 단어까지 학습했다는 점이 관찰되기도 했다.

하지만 동물이 언어를 가졌는지에 관한 문제와 관련하여 세비옥은 확고부동하게 '아니다'라고 말한다.

이 부정에 대한 이유는 인간 대화 상대자와 언어를 공유하는 것처럼 보이는 놀라운 말의 이야기에서 증명된다.

그건 사실이 아냐!

인간의 의사소통 시도에 동물이 반응하는 많은 경우들에서—예를 들면, 말발굽을 반복적으로 밟음으로써 계산을 하는—그 동물이 인간 기호를 나타내는 것에 반응하는 것이 아니라는 점이 밝혀질 수 있다.

대신, 그 말은 대화 상대자로부터의 다양한 비언어적 신호를 이용한다. 이러한 신호들은 사람들을 속이기 위해서 종종 의도적으로 도입되었다.

세비옥은 이러한 종류의 잘못 해석된 동물 커뮤니케이션을 그 종류에서 가장 유명한 경우를 따라 '영리한 한스 효과'라고 부른다.

하지만 그 현상은 단지 비의도적 속임수에 대한 의심스러운 폭로에서의 쓰임 때문에 중요한 것이 아니다.

130

영리한 한스 효과의 흥미로운 특징은 관찰자에게—그리고 그러한 훈련에서 인간 참여자—인간이 동물에게서 다시 수신하는 기호는 **동물에서 나오는 것이 아니라는 점이다.**

실질적으로 기호는 처음부터 신호를 제공하는 인간에게서 나온다. 그러므로 송신자는 그/그녀 자신의 메시지를 왜곡된 형태로 수신자로부터 다시 받는다.

이러한 사례들에서
나는 기호, 유기체, 환경에 관한
나의 주장을 설명했지.

에스토니아 태생 독일 생물학자, 제이콥 본 윅스퀼Jakob von Uexküll, 1864-1944
의 연구에 기대면서, 세비옥은 어떻게 기호 과정이 유의미한 환경이나 움벨
트Umwelt에서 발생하는지를 기술한다.

세비옥에게 모든 기호 과정은 두 보편적 기호 체계 내에서 일어난다. 곧 **유
전적 코드**와 **언어적 코드**이다.

유전적 코드는 DNA와 RNA의 방식으로 지구의 모든 유기체에서 발견되고,
모든 민족의 언어적 코드는 모든 언어를 가능하게 만드는 기본적 구조를 구
성한다.

위에 기술된 것은 상호적으로 연관된 유기체와 그것의 움벨트또는 유의미한 환
경을 포함한다.

움벨트는 유기체가 거주하기 위해 '선택'하는 환경의 부분이다. 움벨트는
유기체의 지각적 또는 '주관적' 우주이다.

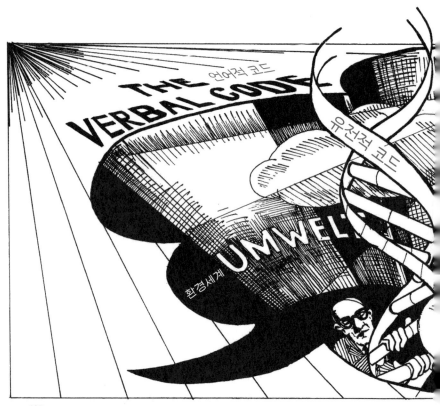

하지만 어떤 의미에서 유기체의 구조가 그것의 환경의 성격에 단서를 줄 것이기 때문에 유기체는 또한 움벨트의 기호로서 작용한다.

반대로 유기체의 환경 분석에 토대를 둔 유기체에 대하여 추론을 하는 것이 가능하므로 움벨트는 또한 그것 자체가 유기체의 기호이다.

움벨트와 유기체는 윅스킬을 따라 세비옥이 '의미-기획meaning-plan'이라 부르는 코드의 형태로 제3요소에 의하여—퍼스식과 유사한 방식으로—서로 결합된다.

이 코드는 고유한 유기체 외부에 존재하고 유기체의 실존에 선행하기에 마스터 독립체이다,

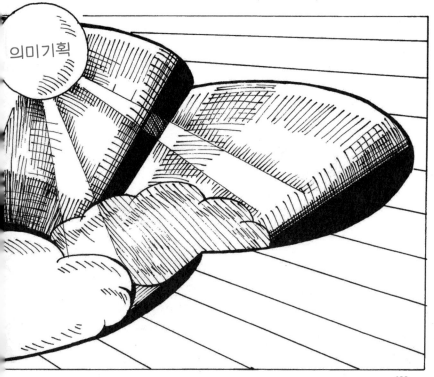

하지만 유기체는 그것의 움벨트를 해석하는 지속적인 과정을 수행한다. 그리고 유기체는 새로운 유기체를 낳고, 이 새로운 유기체는 이미 존재하는 움벨트에서 나오지만, 이는 지속되는 움벨트의 더 발전된 해석이나 해석의 연쇄에 기여한다.

앞서 기술한 것은 기호 과정의 매우 포괄적인 개념이며, 이 개념은 많은 원천을 수용하고, 1950년대의 커뮤니케이션 이론과 마찬가지로, 많은 가능한 채널을 고려한다.

세비옥이 원천을 생각할 때, 인간의 의미화―인간의 기호 과정―가 기호의 우주에서 얼마나 작은 부분일 뿐인가라는 점이 명확해진다.

이 상황이 충분히 다양하지 않다면, 발신자와 수신자의 메시지가 상호작용할 수 있는 채널에 대한 세비옥의 분류를 생각해 보라.

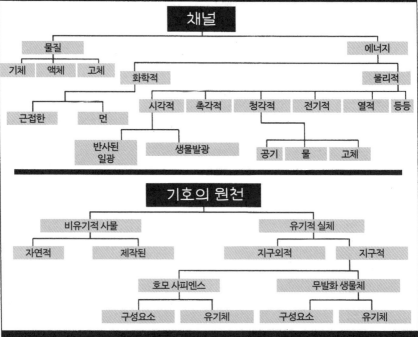

기호 과정에서 위의 언급된 다양성으로 인해 그것의 기능에 대한 어떤 일반적 모델도 참으로 매우 복잡할 것이다.

세비옥의 연구가 가능하게 하는 것은 기호 과정에 대한 폭넓은 이해와 그것의 모델링 과정이다. 그의 연구는 또한 전체 기호학적 전통을 재평가할 수 있게 한다.

소비에트 기호학

1970년에 세비옥은 에스토니아에 있었는데, 그곳에서 격년으로 개최되는 제 4회 타르투 기호학 여름학교의 즉석 강연자로서 초대받게 되었다.

옴벨트가 그의 연구 핵심이라는 점을 고려해 볼 때, 세비옥이 '모델링' 또는 다른 말로 하면, '행동의 프로그램'과 관련된 주제로 시작하는 것이 적절했다. '모델링'은 세계의 개념작용을 함축하는데, "개념작용에서 환경은 개체적 유기체, 집단성, 컴퓨터, 또는 그 비슷한 체계와 같은 어떤 다른 체계와 상호 관계에 있고, 그리고 그 관계의 반영은 그 체계의 전체 커뮤니케이션 형태를 통제하는 역할을 한다."

위의 모델링에 대한 견해에서 인간의 행동에서 나오는 결과물—언어적 텍스트, 문화, 사회적 제도—은 심오한 창조성의 결과라기보다는 오히려 일련의 한계 또는 작용의 선택에서 오는 결과이다.

세비옥이 선택한 주제는 또한 적절하였는데, 소비에트 기호학이 '모델링'의 개념에 관한 연구로 잘 알려져 있기 때문으로, 그것의 중심 원리는 러시아인의 지성적 삶에서 문제적이었지만 풍요한 역사를 가졌던 가설이다.

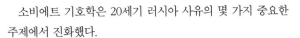

소비에트 기호학은 20세기 러시아 사유의 몇 가지 중요한
주제에서 진화했다.

신칸트주의자로서 지칭되는 그러한 지식인이 했던 것처
럼, 20세기 초에 G. V. 플레하노프G. V. Plekhanov, 1856~1918와 같
은 유물론자와 V. I. 레닌V. I. Lenin, 1870~1924과 같은 마르크스주
의자는 기호와 의식의 이론을 그들의 철학적 논고에 포함
시켰다.

하지만 아마도 러시아 기호학에서 가
장 중요한 순간은 1917년 러시아 혁명
직전의 몇 년 동안에 발생했을 것이다.

제네바에서 소쉬르의 강의를 들은
학생이었던 세르게이 카체브스키Sergej
Karcevskij, 1894~1955가 1917년에 모스크
바로 돌아왔고, 모스크바 언어학파
1915~21의 비옥한 정신에 의해 고찰되
었던 사상의 보고를 가져왔다.

젊은 로만 야콥슨- 그는 또한 알자
그로프Aljagrov란 이름으로 시를 썼다-
에 의해 주도된 그 학파는 다른 기관
과 연결되어 있었다.

시적 언어 연구 모임인 페트로그라드* 학회또는 OPOJAZ, 1916-30는 러시아 형식주의의 중추였고, 무엇보다도 보리스 아리헨바움Boris Ejxenbaum,1886-1959, 빅토르 스클로브스키Viktor Sklovskij,1893-1985, 유리 티냐노프Jurij Tynyanov, 1894-1943, 페트로 보가티레프Petr Bogatyrev,1893-1971, 그리고 또한 로만 야콥슨의 참여로 특징지어진다.

러시아 형식주의에 대한 완벽한 정의를 제공하는 것은 어렵다. 실제로 그 이름 자체는 그것의 반대 그룹에 의해 주어진 것이었다. 페트로그라드 그룹의 연구는 그 이름 '형식주의자formalist' 소문자 'f'로 쓰인로 암시할 수 있듯이, '형식'에 대한 독점적인 관심을 구성하지 않지만, 문학의 특정 성격을 탐구하였다.

이러한 이론가들은 문학 텍스트의 바로 그 문학성literaturnost과 그것이 지닌 '낯설게 하기ostranenie' 능력에 주력했던 문학 텍스트의 이해를 발전시켰는데, 그 둘은 문학 텍스트를 **확실하게** 문학적 실체로서 획정하였다.

마찬가지로, 모스크바 학파는 시적 언어에 그것의 외관적인 고유한 성격을 부여하는, 특히 **미학적 기능**에 대한 개념을 검토하기 시작했다.

어떤 커뮤니케이션은 그것을 복잡하고 복수적 층위의 구조로 만드는 많은 요소들을 포함할 수 있지만, 그러한 커뮤니케이션은 또한 총체적인 성격을 커뮤니케이션에 귀속시키는 특별한 구성요소를 포함할 수 있지.

페트로그라드 학회
O.P.O.J.A

* 페트로그라드는 상트페테르부르크St. Petersburg 옛 이름이다.

'예술적' 텍스트의 경우에 특별한 구성요소는 지배적인 '미학적' 구성요소이다. 가령 시와 같은 예술적 텍스트는 시가 세계를 언급하도록 하는 지시적 구성요소를 가질 수 있다. 하지만 시는 단적으로 문화적 역사나, 사회적 관계들이나, 자서전에 관한 문서가 아니다. 대신, 시는 시의 '시학성'으로 표현될 수 있는 미학적 측면을 지니며, 언어의 사용이 예술적 텍스트가 산문이 아니고 시가 되도록 한다.

이러한 점은 1920년 야콥슨이 러시아를 떠나 프라하로 갔을 때 그가 가졌던 생각이었다. 하지만 야콥슨은 그의 예전 형식주의자 동료들과 관계를 유지했으며, 1928년에 티냐노프와 함께 '언어와 문학 연구에서의 문제'라는 제목 아래 8개의 논문을 출간하였다.

그 논문들에서 야콥슨과 티냐노프는 '구조'를 구성하는 것에 대한 그들 자신의 개념을 자세히 설명하였다. 레비스트로스와 같은 구조주의자들이 모든 문화적 인공물이 언어와 같이 '문법적으로' 조직된다는 것을 지지하는 한편, 야콥슨과 티냐노프는 '구조'는 언어적 법칙보다는 그것 자신의 법칙을 포함한다고 주장하였다.

모든 공시적 체계는
체계의 분리 불가능한
구조적 요소로서
그것 자신의
과거와 미래를
가집니다.

구조는 문학적 구조조차도
'닫혀' 있는 것보다는
다른 구조에 열려있는 것으로
고려되어야 합니다.

그러므로, 체계는 관계적이고 역동적으로 고찰되었다. '예술' 작품은 자율적일 수 있지만, 그것은 세계로부터 닫힌 구조는 아니었다.

어떤 의미에서 이러한 상황은 형식주의자들에 의해 이루어진 많은 연구에 도전을 주었는데, 형식주의자들에게 문학은—그것이 분명히 문학성literaturnost의 자율적 구조였다 할지라도—그것의 지시적 가능성 또는 그것의 사회적 내용으로 이해되어서는 안 되었다. 오히려 문학은 이 둘을 다른 구조들과 공통적으로 가지고 있었을 것이다.

야콥슨과 티냐노프의 논문에서 '예술' 작품은 그것의 구조적인 구성에서 특유함과는 거리가 멀었다. 예술 작품은 다른 모든 기호학적 실체와 같은 체계와 구조로 구성되었으며, 예술 체계에서 '미학적' 구성요소가 우세하다는 점에서 차이가 있다.

1930년대 지배력을 행사했던 스탈린 체제 동안 위의 주장은 '사회주의 리얼리즘'의 희망찬 열망에 입각한 '예술' 이론에 대한 위협이 되었을지도 모른다.

그러므로 구조에 관한 1920년대 연구의 전통과 가깝게 관련된 소비에트 기호학이 단지 후기 스탈린 시대에 부상하여, 1950년대 말부터 지속될 수 있었던 것은 전혀 우연이 아닐 수 있다.

유리 로트만Jurij Lotman, 1922-93은 소비에트 연방의 기호학 르네상스에서 영향력 있는 인물로, 원래는 1822년 전제 군주제Tsarism에 대항한 '데카브리스트Decembrist'의 난을 둘러싼 연구를 전공한 문학 교수였다.

하지만 문학 이론에 관한 나의 연구는 '언어', '코드', '엔트로피', '소음' 등의 용어 사용으로 특징지어지게 되었어.

모스크바에 있는 그의 동료 V. V. 이바노프V. V. Ivanov, I. I. 레프친I. I. Revzin, 보리스 유스펜스키Boris Uspenskij, 1955년에 기계 번역 학회를 창립했었다처럼 로트만은 정보의 항목들을 전달하고 처리하는 특유한 방식의 측면에서 문화를 다루고 있었다. 그러한 방식에서 그는 정보 이론을—컴퓨터의 초기 발전에서부터—가장 소중히 다루어졌던 기호 체계에 적용하고 있었다.

여기서 다시 한 번 '문학'의 전체적인 기존 체계에 대한 공격이 있었다. 그 공격은 인공물의 정보적인 유의미성에 대해 면밀한 조사를 선호하면서, 그것에 가정된 '정신', '인간', '기품있게 하는' 자질에 관한 관심 수위를 축소하기 때문에 정확히 '반 휴머니스트'라 불릴 수 있는 것이었다.

클로드 섀넌은 '아날로그' 제품을 만드는 데 들어갔던 모든 비트bits를 '디지털' 형태로 나타내기 위하여 그의 획기적인 커뮤니케이션 모델을 고안했다. 어떤 의미로는 이러한 절차는 전통적인 사고 양태에 매우 급진적 공격을 가했다.

우리는 시계 문자판으로서 시간을 시각화할 수 있다. 숫자 사이의 각 공간은 유추적으로 어떤 것을 재현한다.

디지털 재현은 다르다. 디지털 시계는 그저 숫자로 당신에게 시간을 알려준다. 디지털 시계에 '5분'에 유사한 공간은 존재하지 않는다.

모든 작품예를 들어 청중에게 강의, 미술관의 그림 등처럼 보이는 아날로그는 디지털 형식으로 입증될 수 있다예를 들어 정보원, 송신기, 신호 등으로서.

본질적으로 디지털 방법은 오이디푸스 신화68쪽을보라에 대한 레비스트로스의 분석에서 나타난 그의 작업 방식이다. 이는 또한 소비에트 기호학이 1960년대 추진하려고 했었다. 1964년 시작된 타르트 국립대학교에서 열린 여름학교 시리즈에서 유리 로트만은 문화 이론의 개요를 설명했다.

문화는 인간 사회의 다양한 집단에 의해 비유전적으로 획득되고, 보전되고, 전달되는 정보의 총체나 다름없지.

위의 기술이 처음에는 인문주의자 논리에 대한 비정한 공격으로 보였으나, 모든 문화는 그 문화의 현재 그리고 새로운 구성원들에게 전달되는 지식의 저장고에 의해 특징지어진다고 사람들이 생각할 때 그러한 공격은 일소되었다.

하지만 문화는 단지 저장고가 아니다. 1960년대와 1970년대 소비에트 기호학자들에게 문화는 또한 '이차 모델링 체계'이다. 다시 말해 그 체계는 인간의 지식 및 상호작용을 위한 지속적인 모델을 제공한다.

'일차 모델링 체계'는 다른 체계와 관련하여 자연적 체계라고 여겨지는 언어 능력이며, '자연 언어'라고 일컬어진다.

문화

자연 언어

문화가 자연 언어 위에서 구축되기에 로트만은 문화가 유형화될 수 있는 한 가지 방법은 기호가 갖는 그것의 개념화에 존재한다고 시사한다.

그가 취한 예들은 러시아 중세와 계몽주의 문화였다.

중세는 기호적인 풍요함으로 특징지어진다. 모든 대상은 기호 과정의 잠재성을 지니며 의미는 어디에나 존재한다. 어떤 것도 무의미하지 않다.

한편 계몽주의 시대는 이성에 대한 믿음과 모든 인공물에 대한 합리적인 멀리하기로 특징지어진다. '자연적'인 것은 '문화적'예를 들어 기호로 알려진 구성물에 구현된 것으로서 '비자연적' 또는 인공적인 것보다 가치 있게 여겨진다.

실제로 의미화에 위계가 존재하는데, 미천한 대상에서 시작하여 고귀함, 권능, 신성함, 지혜를 매우 성공적으로 나타내는 그러한 것들로 상승한다

어떤 점에서 소쉬르가 언어적 기호의 '비자연적', '자의적' 성격을 믿는다는 점으로 인해, 그는 그러한 합리성의 정점을 구현한다.

따라서 로트만에게 기호학은 단지 과학적 방법만을 나타내지 않는다. 그것은 또한 20세기 후반의 의식을 구성한다.

그러나 V. V. 이바노프가 진술하듯이, '자연언어와 그것 위에 구축된 기호 체계에 있어서의 능력은 인간의 특정한 특수성'이라는 점을 잊어서는 안 된다.

〈어떤 의미에서 언어가 '일차 모델링 체계'인가?〉1988라는 논문에서 세비옥은 인간과 기호 과정의 역사와 관련하여 '언어'의 지위를 명확하게 한다.

내가 생물학에 대한 윅스킬의 관찰을 사용하는 것은 모델링에 관한 인공두뇌학 이론을 생산하는 데 있어서, 그 이론은 매우 근본적이며 언어의 진화가 그것 없이는 이해될 수 없기 때문이지.

인간homo 속genus에서만 언어적 기호가 생겨났다. 예를 들어 유인원은 단순히 말을 할 수 없었다. 하지만 인류는 인간기호적 언어anthroposemiotic verbal 이상을 가지며, 그들은 또한 동물기호적 비언어zoosemiotic nonverbal도 가지고 있다.

진화주의자들은 호모 하빌리스와 호모 이렉투스를 거쳐 호모 사피엔스 사피엔스에 이르는 초기 인간의 확장되는 뇌의 크기를 찾아냈다. 또한 그들 각각 활용했던 활동과 도구의 범위는 그들이 구별 능력, 그리고 부수적으로 언어에 대한 능력을 소유했음을 시사한다.

소비에트 학자들은 인간 기호적 언어를 '일차' 모델링 체계로 부르지만, 사실, 그것은 이차 모델링 체계이지.

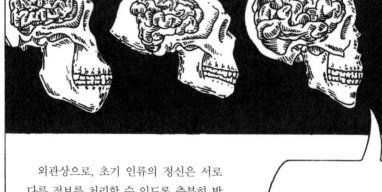

외관상으로, 초기 인류의 정신은 서로 다른 정보를 처리할 수 있도록 충분히 발전되어 있었다. 그들은 정신 작용에서 구별되는 정보의 단편들을 저장할 수 있었고, 그 정보의 단편 각각은 언어의 몇몇 이론에 의해 기술되는 방식으로 분리된 구획에 위치되었다.

그러나 초기 인류는 서로 말을 하지 않았어.

언어 능력은 발달되어 있었다. 그러나 이러한 능력은 발화와 동반되지 않았다. 그러므로 언어는 소통적인 메시지 교환의 목적보다는 인지적 모델링의 목적을 위해 진화되었다. 그러한 방식으로 언어는 다른 존재와 소통하는 도구로서가 아니라 정신의 처리 과정으로서 이해될 수 있다.

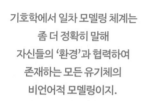

기호학에서 일차 모델링 체계는 좀 더 정확히 말해 자신들의 '환경'과 협력하여 존재하는 모든 유기체의 비언어적 모델링이지.

초기 인류 간의 커뮤니케이션은 비언어적 수단에 의해 이루어졌다. 나중에서야 언어가 발화적 소통 기능을 위해 편입되었다.

그럼에도 불구하고, 기호학에서 많은 연구가, 특히 유럽에서, 인간 그리고 인간과 소통적 인공물과의 관계에 집중한다즉, 언어/발화와 문화의 관계 또는 '이차' 모델링 체계와 '삼차' 모델링 체계의 관계.

기호학에서 독자와 텍스트에 관한 현대의 많은 중요한 연구가 서로 전혀 다른 전통을 잇는 이론가들의 노력에서 비롯된다.

로만 야콥슨, 프라하학파 그리고 그 너머

이 책에서 그가 빈번하게 등장하는 것이 증명하듯이, 러시아 문헌학자 니콜라이 트루베츠코이Nikolai Troubetzkoy, 1890-1939의 학생, 야콥슨은 20세기 기호학에 큰 영향력을 미쳤다.

움베르토 에코는 다음과 같이 적는다. "야콥슨이 기호학에 관한 단 한 권의 책도 결코 쓰지 않은 이유는 그의 과학적 실존 전체가 기호학을 위한 탐구의 살아 있는 본보기였기 때문이라고 나는 추정한다."

1920년에 프라하로 옮긴 이후에 야콥슨은 프라하 언어학파의 부회장과 창립 멤버가 되었다.

빌름 마테시우스Vilém Mathesius, 1882-1945, 얀 무카로브스키Jan Mukařovský, 1891-1975 그리고 야콥슨의 오랜 동료인 페트르 보가티레브Petr Bogatyrev를 포함하는 그 학파는 1926에서 1948년 사이에 모임을 가졌다.

야콥슨과 위의 언급된 사람들의 기호학에서 결정적인 것은 진화적이고, 그리고 완전하게 불변하지 않는 것으로서의 '구조'의 개념이었다.

독일 철학자 빌헬름 본 훔볼트Wilhelm von Humboldt, 1767-1835에 따르면, 언어는 최종 결과물ergon이 아닌 과정energia으로서 이해되어야 한다.

위의 생각은 프라하학파에 큰 영향을 미쳤고, 또한 체계는 변화가능한 실체로서 연구될 필요가 있다고 주장했던 야콥슨/타냐노브의 1928년 논문이 프라하학파에 영향을 미쳤다. 이 논문에 따르면,

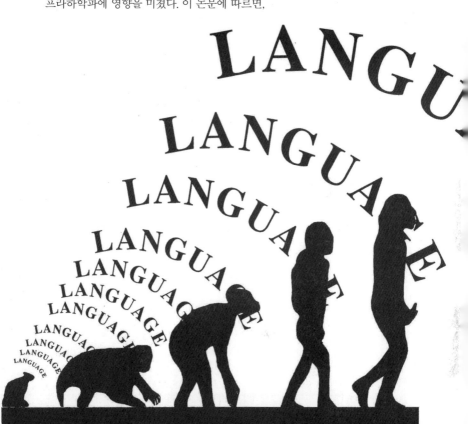

"순수 공시태는 이제 착각이라고 드러난다[...] 공시태와 통시태 사이의 대립은 체계의 개념과 진화의 개념 사이의 대립이다. 그러므로 우리가 모든 체계가 필연적으로 진화로서 존재하고, 한편으로는 동시에 진화가 불가피하게 체계적 성격을 지닌다는 점을 인식하자마자 이론상으로 그러한 대립은 중요성을 잃는다".

야콥슨의 연구는 의미화가 **복잡하고 중첩되는** 구조들로 구성된다는 이해에 충실하게 헌신하며 남아 있었다.

1939년, 나치가 체코슬로바키아를 점령했을 때, 야콥슨은 스칸디나비아로 거처를 옮겼고 거기서 그는 코펜하겐 대학교, 오슬로 대학교, 웁살라 대학교에서 객원 강사를 지냈다. 1941년에 그는 미국으로 건너갔고 거기서 그는 교수로 지내면서, 제2차 세계대전 후 미국 기호학에서 영향력있는 인물이 되었다.

야콥슨의 연구는 초기에 그의 소쉬르적 성향과 프라하학파의 '구조주의'로부터 정보 이론과 그의 퍼스 발견에 이르는 전통들을 잇는 가교의 역할을 하였다.

언어 기호의 '자의성'에 대한 소쉬르의 개념을 취해보자. 퍼스의 용어로 이러한 종류의 기호는 상징이라고 말해질 수 있다. 하지만 야콥슨이 입증하듯이, 그것은 도상과 지표일 수도 있다. 하나의 사례를 들어보자.

자의적이군.

왔노라, 보았노라, 이겼노라

상징이로군.

도상과 지표 둘 다로군.

율리우스 카이사르의 말, "Veni, vidi vici"왔노라, 보았노라, 이겼노라는 아마도 공명을 불러일으킬 수 있는데, 카이사르의 말이 도상적으로 그것이 기술하는 일련의 사건을 재현하기 때문이다.

"대통령과 국무장관은 회의에 참석했다."라는 진술은 이러한 시퀀스를 포함하는데, 그것이 도상적으로 서열의 중요도를 나타내기 때문이다.

더 중요하게, 언어기호는 그것의 화자와 인과관계에 있기 때문에 지표가 될 수 있다. 언어학자 오토 예스페르센Otto Jespersen, 1860-1943을 빌리면, 야콥슨은 이러한 종류의 지표들을 '전환사shifters'라고 부른다.

이 같은 용어들은—지시적 범주라고도 알려진—발화의 원인과 맥락을 가리킨다.

벵베니스트가 지적하기를, '나'라는 단어가 매번 발화될 때마다 그것은 서로 다른데, 그 이유는 우리가 그 단어를 포함하는 발화를 이해하기 위해 누가 '나'라는 단어를 사용하고 있는지를 알아야 하기 때문이다.

이 점이 전환사의 특성이고, 그것은 발화 상황에 대한 강조를 이동시킨다. 이것을 행하는 모든 어휘 항목들에 대해 생각해 보라.

인칭 대명사

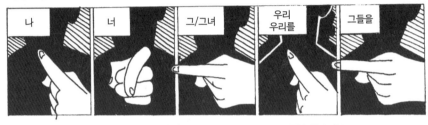

장소 지표   시간 지표   특수성의 지표

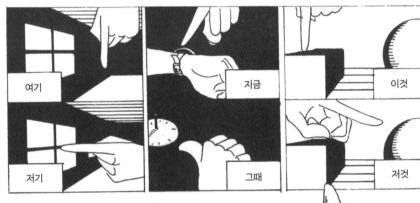

이러한 모든 것은 발화 상황의 지식을 요구한다. 그리고 그것의 다수가 따라서 문맥 의존적이다.

하지만 아마 무엇보다도, 전환사는 야콥슨이 **지시적 기능**이라 불렀던 것을 구현할 것이다.

다시 말해, 전환사는 커뮤니케이션에서 나타날 가능성이 크며, 그것의 주요 목적은 세계의 어떤 것을 참조하는 것이다.

그의 논문 중, 아마도 가장 유명한 논문에서 야콥슨은 커뮤니케이션 사건의 일반적 모델을 구축하기 위해서 프라하 양식을 정보 이론과 결합함으로써 의미화의 이해를 발전시킨다.

랑그와 파롤을 **코드**와 **메시지**로 대체하면서 아래와 같이 그는 모든 커뮤니케이션의 특징에 대한 기본적인 진술을 한다.

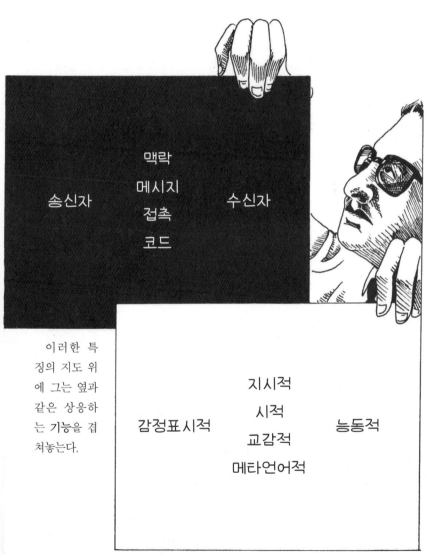

맥락
메시지
송신자   접촉   수신자
코드

이러한 특징의 지도 위에 그는 옆과 같은 상응하는 기능을 겹쳐놓는다.

지시적
시적
감정표시적   교감적   능동적
메타언어적

예를 들어, 발신자의 실망을 표현하고, 주로 자기 위주인 "쯧! 쯧!"과 같은 감탄사의 경우, **발신자**에게 초점이 주어질 때 **감정표시적** 기능은 커뮤니케이션에서 가장 중요한 특징이 된다.

금연

쯧쯧

예를 들어 '중지' 같은 명령에서 **수신자**에게 초점이 주어질 때 **능동적**내포적과 혼동되어서는 안 되는 **기능**이 가장 중요한 특징이 된다.

예를 들어, "내 말 좀 들어봐!" 또는 "내 말 듣고 있니?"의 경우에서 보통 커뮤니케이션을 수립하거나 유지하기 위해 **접촉**에 대한 강조가 있을 때 **교감적 기능**이 가장 중요한 특징이 된다.

이봐, 당신!

영어를 이해하지 못합니까?

금연

예를 들어, 코드가 작동되는지를 확인하기 위해, "내가 무슨 말을 하는지 아십니까?" 경우에서, **코드에 초점**이 주어질 때 **메타언어적 기능**이 가장 중요한 특징이 된다.

살펴보았듯이, **맥락**전환사가 표현될 때 특히 그렇다에 초점이 주어질 때 **지시적** 기능은 실제로 작동하게 된다.

시적 기능은 메시지에 초점이 주어질 때 가장 중요한 특징이 된다. 예를 들어 "나는 아이크를 좋아해I like Ike*"와 같은 캠페인 슬로건은 정치적 커뮤니케이션이다. 하지만 그 캠페인의 주요 특성은 그것이 간결하며 '시적으로' '좋아함'과 아이젠하워를 동의어로 만든다.

사실상, 위의 두 기능이 야콥슨 모델의 가치이다. 즉 그것은 유연하며, 어떻게 커뮤니케이션이 때때로 우세하게 될 수 있는 층위들을 가질 수 있는지를 보여주고 있다.

우세한 기능은 비록 그것의 구성요소가 동일하게 남아 있어도 상황에 따라 변할 수 있다. 가령, "내가 말하는 것이 무슨 의미인지 알겠어요?"라는 **메타언어적** 예는 프랭크 브루노Frank Bruno와 같은 영국 권투선수이자 유명인사가 종종 사용했기 때문에 그것은 지금은 커뮤니케이션을 유지하기 위한 교감적 양태에서 사용되는 유명 문구가 되었다,

* 아이크'Ike'는 미국 대통령 아이젠하워 Dwight D. Eisenhower(1890-1969)의 애칭이다.

무슨 말인지 알지?

야콥슨의 모델은 기호학에 광범위한 영향을 미치는데, 그 모델이 발신자 그리고 수신자를 고려하는 것뿐만 아니라 기능의 위계를 구조화하는 결과물로서의 커뮤니케이션에 대한 그 모델의 기술에서도 그렇다.

미학적 기능에 대한 얀 무카로브스키의 연구는 위 커뮤니케이션 모델과 관련된 본질적 특징을 지니기에 마찬가지로 중요하다.

내 의견으로는,
미학적 기능은 예를 들어 건물,
몸의 장식패션,
집 안에 있는 물건의 디자인
등의 집합적 삶의 다양성에
스며들지.

한편 그는 야콥슨과 같이 위에 언급된 기능이 '미학적' 대상에서 우세할 수 있지만, 그것이 작용에서의 유일한 기능은 아닐 수 있다고 생각한다.

예를 들면 '문학'에서 작용하는 커뮤니케이션 기능이 또한 존재한다.

프라하 전통에서 무카로브스키는 미학적 기능이 '미학적'으로 여겨지는 대상에서 미학적 영역 내에 존재하는 것을 구조화한다고 할지라도, 그것이 삶의 다른 영역으로부터 전혀 분리되지 않는다고 주장한다. 그 기능은 **규범과 가치**로 구분될 수 있다.

미학적 규범은 사회적 형성에서 다른 규범과의 상호작용으로부터 일어난다. 그것은 '미학적'이라고 여겨지는 것과 그렇지 않은 것을 구조화한다.

일반적으로 개인에 의해 인지되는 미학적 가치는 규범에 의해 안정화된다. 더 나아가 그것은 제도에 의해 지속된다. 즉

"사회는 예술 작품의 규제나 평가를 통해 미학적 가치에 영향을 미치는 제도나 조직을 만든다. 그러한 제도 중에는 예술 비평, 전문가, 예술 교육수동적 사고를 배양하는 목적을 지닌 예술 학교와 기관들을 포함, 예술 작품 마케팅과 예술 작품 광고, 가장 가치 있는 예술 작품을 확정하는 검토들, 미술 전시회, 박물관, 공공 도서관, 경연대회, 포상, 아카데미, 그리고 흔하게 검열이 존재한다."

서양의 대중문화 이론가들과 동양의 소비에트 이데올로기가 내적으로 고귀하고 정신적인 실체 이외의 어떤 것으로 '예술'을 생각하는 것에 반대했던 당시—1936년—에 이 당시 무카로브스키가 집필하였던 것을 우리가 생각할 때, 이것은 믿기 힘들 정도로 '예술'에 대한 현대적 이해라고 할 수 있다.

157

더 중요하게는 무카로브스키에게 '예술' 작품은 기호이며 따라서 사회적 사실이다. 기호로서 그것은 잠재적인 커뮤니케이션의 기능을 가지며 어떤 것을 대신하여 존재하고―야콥슨이 주장하듯이―예술 작품은 발신자한테서 비롯되어 수신자에게로 전달된다.

수신자―독자―는 미학적 가치의 원천이지. 그리고 작품의 평가를 만드는 사람은 그/그녀인 수신자―독자야.

'예술' 작품이 어떤 커뮤니케이션 기능을 가진다는 사실 때문에 그것은 또한 '부가적인 미학적extra-aesthetic' 가치를 가진다.

독자는 또한 미학적인 가치 이상으로 가치를 가진다.

작품이 일종의 '통합'을 만들면서 '부가적인 미학적' 가치를 특정한 방식으로 구조화할 수 있는 곳에서, 독자는 자신의 가치를 예술 작품의 가치에 강요하는 상호작용을 할 수 있다.

무카로브스키는 이러한 종류의 상호작용이 발생할 때 무엇이 일어나는가에 관해서는 깊이 생각하지 않았다. 하지만 그의 프라하학파 제자인 펠릭스 보딕카Felix Vodicka, 1909-74는 다음과 같은 점에 관심을 두면서 그 일에 착수했다.

보딕카에게 독자가 텍스트와 맺는 기호적인 상호작용의 주요한 구성요소는 폴란드 철학자 로만 인가르덴Roman Ingarden, 1893-1970이 '구체화'concretization라 칭했던 것으로 이루어졌다.

- 작품이 어떻게 지각되는가
- 작품에 어떤 가치가 부여되는가
- 작품이 그것을 미학적으로 경험하는 사람들에게 어떤 형태로 나타나는가
- 작품이 어떤 의미론적 연관성을 유발하는가
- 작품이 어떤 사회적 환경에 존재하는가
- 어떤 위계적 질서인가

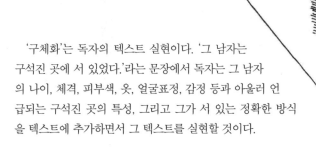

'구체화'는 독자의 텍스트 실현이다. '그 남자는 구석진 곳에 서 있었다.'라는 문장에서 독자는 그 남자의 나이, 체격, 피부색, 옷, 얼굴표정, 감정 등과 아울러 언급되는 구석진 곳의 특성, 그리고 그가 서 있는 정확한 방식을 텍스트에 추가하면서 그 텍스트를 실현할 것이다.

보딕카에게 구체화는 단순히 작품에 의해 명시되지 않는다. 기호로서 작품은—무카로브스키가 주장하였듯이—그 본질상 사회적이며 또한 다양한 '부가적인 미학적' 가치를 지닌 독자에게 규범과 가치를 촉발시킨다.

그러므로 구체화는 독자들이 본질적인 사회적 목표, 즉 미학적 규범과 가치 그리고 부가적인 미학적 가치와 규범 사이의 복잡한 상호작용에 참여하는 결과로서 텍스트에 가져오는 것에 기반하여 발생한다.

사회적 맥락에 대한 그것의 강조에서 야콥슨과 프라하학파의 연구는 매우 중요하다. 그러한 연구는 기호학에서, 오늘날의 많은 관심을 예견한다. 예를 들면 다음과 같다.

- 기호 과정의 복잡한 구조들
- 미학적 텍스트와 제도상으로 유지되는 규범과 가치들의 관계
- 미학적 텍스트와 미학적 영역 너머의 가치들의 관계
- 텍스트 의미에서 맥락의 역할
- 실현하는 텍스트에서 독자의 역할

마찬가지로 1980년대 이후에 유독 미디어, 커뮤니케이션, 문화 연구에서 독자와 독해 과정에 관해 두드러진 관심이 있었다. 야콥슨처럼 분리된 전통을 잇는 한 영향력 있는 기호학자가 이러한 주제들에 대한 논의를 위해 중요한 공헌을 하였다.

제한적 기호 과정

움·베르토. 에코1932-2016는 중세 역사가, 에세이스트, 소설가였으며, 하지만 무엇보다도 특히 기호학자였다고 말해질 수 있을 것이다.

그의 연구는 기호 연구에 대한 고전적 유산의 광범위한 지식에 의해 입증되면서, 사실상 모든 20세기 기호학파들의 생산적인 종합을 포함한다.

에코가 스콜라주의를 거부했음에도 불구하고 그는 기호적 과잉에 의해 압도되지 않았다.

〈단상Fragments〉1959이라는 그의 잘 알려진 에세이에서 포스트 종말론적인 북극 지역 문명은 남쪽 지역의 인공물을 알아내고 해석한다. 즉,

"우리는 여기 하나의 문구를 보게 되는데, 그것은 지상적 관심을 비난하는 시임에 분명했었을 것의 한 문구—슬프게도 유일하게 읽을 수 있는—이다. 즉 '그것은 물질세계다'. 이 문구 후 바로 우리는 자연의 위안 또는 비옥함에 대한 찬양에서 온 것이 분명한 또 다른 단상에 대한 문구들을 알아차린다. 곧 '나는 빗속에서 노래한다, 그냥 빗속에서 노래한다. 이는 멋진 느낌이다…' 우리는 이 노래가 젊은 처녀들의 합창으로 불려진다는 것을 쉽게 상상한다. 즉 부드러운 말들은 잠들지 않는 파종기에 하얀 베일을 쓰고 춤추는 처녀들의 이미지를 불러일으킨다.

161

분명하게 북극 지역의 문명은 확실한 증명 없이, 서투른 과잉 해석의 기획에 착수한다.

에코는 그의 학문 활동 내내 이러한 위험에 대해 경고한다.

에코가 〈단상〉을 썼던 거의 같은 때에 그는 정보 이론의 영향 아래서 그의 개념인 〈열린 작품〉을 집필하고 있었다.

처음에는 이러한 설명은 '고급'과 '저급' 문화를 구분하려는 또 다른 시도로 보인다. '열린'을 '현대적'으로 '닫힌'을 '대중적'으로 동일시하면서, 그러한 설명은 1960년대 이후 프랑스바르트의 쓸 수 있는/읽을 수 있는 텍스트, 영국콜린 맥케이브의 '고전적 사실주의 텍스트'/변혁적 텍스트, 독일볼프강 이서의 텍스트 의 어딘가에서 만들어진 유사한 설명과 또한 닮아 보인다.

하지만 에코의 버전은 약간 다르다.

'열린 작품'은 보통 '평균적'인 독자를 가정하는 '닫힌 작품'의 독자와는 구별되는 특정한 종류의 독자를 중시하는 텍스트입니다.

'닫힌' 텍스트는 그것이 옆의 도식처럼 매우 엄격한 논리에 의해 통제되기는 하지만 각 지점에서 수많은 가능한 해석을 허용한다.

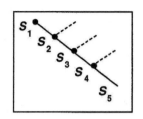

발신자저자가 아니고 텍스트의 구조는 수신자가 자신의 마음을 결정할 수 있도록 기회들을 제공하지만, 궁극적으로는 이러한 기회들을_{하나의 예는 결국에는 추리 소설의 결말로 이어지는 단서 또는 관심을 딴 데로 돌리는 것이 될 수 있다} 저지한다.

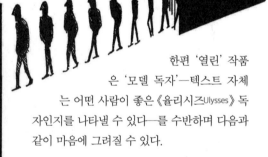

한편 '열린' 작품은 '모델 독자'—텍스트 자체는 어떤 사람이 좋은 《율리시즈Ulysses》 독자인지를 나타낼 수 있다—를 수반하며 다음과 같이 마음에 그려질 수 있다.

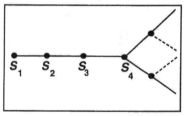

이 경우에 발신자는 수신자를 이끌며, 그런 다음 수신자가 그/그녀 자신의 마음을 결정하게 하고, 이러한 위치의 관점에서 이 전의 단계에 대한 재평가를 가능케 한다.

에코에게 텍스트 독해에서 발생하는 것은 '구체화'의 과정과 다르지 않다. 독자는 기호를 해독하는 일련의 단계를 경험한다.

하지만 이러한 해독에서, 각 기호가 그것과 관련된 기호로 바뀌고, 그렇게 계속되면서 잠재적으로 끝이 없으므로 —퍼스의 용어로— '무한의 기호 과정'의 가능성이 존재하지.

그러면, 어떻게 그러한 기호 과정을 목적이 있는 것으로 만드는 것이 가능한가? 어떻게 북극 지역 문명의 지나치게 자신만만한 예측을 신봉함 없이 텍스트를 해석하는 것이 가능한가? 이것은 독자가 존재하는 수만큼 텍스트가 많은 의미를 지니는 그런 경우인가?

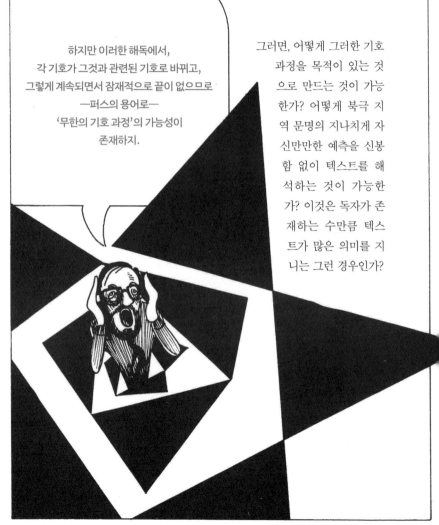

에코는 퍼스를 르네상스의 신비 교리연금술 또는 오컬트 사이언스와 비교함으로써 이러한 문제를 해결한다. 신비 교리는 모든 상징이 유사 상징과 연속적으로 관련되어 있다는 점을 수용했다.

예를 들어, 어떤 신비 교리자들은 식물 난초가 인간의 고환 형태그리스 말로 난초orkhis는 고환testicles과 같다는 점에서를 갖는다고 생각했다. 따라서 결실을 얻게 될 식물에 행해진 모든 절차가 인간에게 행해진다면 또한 결실을 얻을 것이다.

이러한 절차는 고통스러웠을 것이다. 하지만 난초의 '고환'과 인간의 그것은 전혀 다른 이유에서 발전되었다. 유사하게 보여도 그것은 유전학적으로 구별된다.

퍼스에 따르면, **습관은** '주어진 전제로부터 다른 추론 대신에 하나의 추론을 도출하도록 우리를 결정하는 것'이며, '체질적이거나 습득된다.'

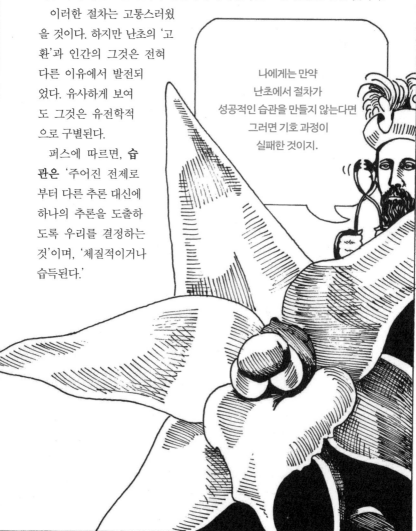

나에게는 만약 난초에서 절차가 성공적인 습관을 만들지 않는다면 그러면 기호 과정이 실패한 것이지.

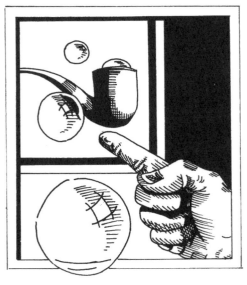

우리가 살펴본 바와 같이 **습관은 해석체**와 연관되어 있고, 그 습관 자체는 3차성 또는 추론 영역의 부분이다. 데리다의 차연différance과는 다르게 퍼스식의 무한의 기호 과정은 기호가 무엇을 재현하는지에 도달하려는 궁극적인 목표와 함께 발생한다.

에코가 지적하듯이 기호 과정은 한 해석체에서 다른 해석체로의 운동을 의미할 수 있다. 하지만 퍼스에게는 이것 배후에 **목적**이 놓여 있다.

기호 사이의 연관은 자의적이거나 무질서한 토대에서 일어나지 않는다. 대신 연관은 습관적 수단에 의해 인도되는데, 우리—인간 공동체로서—는 그러한 습관으로 추론을 도출한다.

기호는 **직접적 대상**재현된 대상을 발생시키는 해석체를 수단으로 표상체Representamen를 수반한다. 우리는 실제적인 역동적 대상을 결코 파악할 수 없다. 하지만 그것은 확실히 직접적 대상의 원인이었다.

무한의 기호 과정이 실행하는 탐색은 최종적 해석체를 목표로 해.

이러한 **최종적 해석체**는 또한 습관, 즉 세계에 영향을 주는 성향모리스가 말하게 되듯이이다. 그리고 기호 과정 그 자체는 직접적 해석체와 최종적 해석체의 관계를 수단으로 세계를 구축한다.

실재적인 것대상은 정보와 추론이 최종적으로 결과에 이르는 것이다. 다시 말해, 실재적인 것은 실제 기호 과정에서 **공동체**에 의해 도달되는 상호주관적인 의미이다.

이러한 공동체에 대해 생각하는 한 방법은 기호 과정의 연구 온실의 개념이 될 것이다.

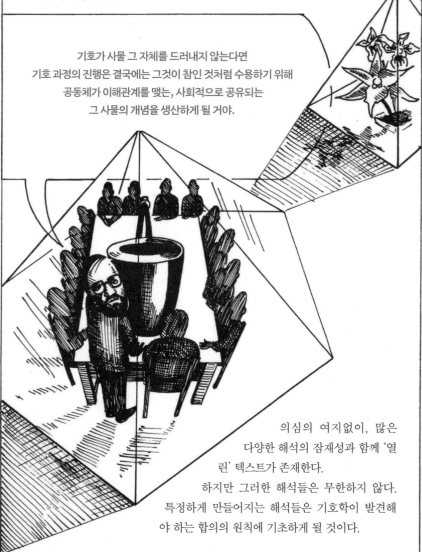

기호가 사물 그 자체를 드러내지 않는다면
기호 과정의 진행은 결국에는 그것이 참인 것처럼 수용하기 위해
공동체가 이해관계를 맺는, 사회적으로 공유되는
그 사물의 개념을 생산하게 될 거야.

의심의 여지없이, 많은
다양한 해석의 잠재성과 함께 '열
린' 텍스트가 존재한다.

하지만 그러한 해석들은 무한하지 않다.
특정하게 만들어지는 해석들은 기호학이 발견해
야 하는 합의의 원칙에 기초하게 될 것이다.

에코에게 진정한 기호학은 성공적인 기호 과정으로부터 나오는 특정한 해석들의 원리를 수립하기 위해 나쁜 해석을 제거하는 데 관심을 가져야 하며, 그럼으로써 우리는 궁극적으로 아마도 최종적 해석체에 이르게 되는 작업이었다.

어쩌면, 우리가 충분한 예리함으로 기호학을 사용했을 때, 그것은 예측적인 도구가 될 수 있을 것이다.

기호학의 현재

소쉬르적 전통의 기호론은 대체로 '명목론자' 관점이라 불릴 수 있는 것을 구현했다. 소쉬르적 전통은 우리가 발견하는 모든 것이 전적으로 기호에 의해 매개된 것이기 때문에 우리는 현실적으로 실재 세계를 알 수 없다는 점을 진술한다.

사상가로서 장 보드리야르Jean Baudrillard, 1929-2007는 명목론적 전통을 나타낸다고 여겨진다.

인간의 욕구, 마르크스의 '사용-가치' 그리고 심지어 태양과 같은 외관상의 실제적 독립체들은 그야말로 순수한 교환 관계를 위한 '구실alibis'입니다.

교환은 '가치'의 근원으로서 내가 구상한 차이와 다르지 않습니다.

다른 의견으로, 내가 생각하는 기호학의 전통은 주로 '실재론자'의 전통입니다.

비록 그것이 힘겨운 과정이고 객관적인 구체적 독립체에 대한 단순한 믿음 너머 현실적으로 '실재'가 무엇인가에 대한 지속적인 재공식화를 포함하지만, 에코와 세비옥 같은 사상가들은 '실재'를 이해하는 능력에 대해 확신했다.

우리가 살펴보았듯이, 소비에트 이론가 로트만은 현재가 기호학적 의식에 의해 구별된다고 생각했다.

세계를 이해하기 위해서
퍼스의 기호학, 소쉬르의 기호론
또는 그 둘의 종합을 구현하는 것이
미래 기호학자들의 임무이지.

하지만 기호 분석의 행위가 실제로, 기호 과정의 세계를 잠재적으로 변화시키거나 거기에 기여하는 **작용주체**의 행위라는 것을 간략하게 제시하지 않고 이 책을 끝내는 것은 부적절할 것이다.

두 가지 예로 충분할 것이다.

흥미롭게도 그 예들은 영국에서 가져온 것인데, 영국은 지금까지 기호학에 대한 이 같은 설명에서 특징을 거의 드러내지 않았다.

사회기호학

영국의 언어학자 마이클 할리데이M.A.K. Halliday, 1925~2018의 연구에서 나온 '사회기호학'은 영국과 호주의 이론가들에 의해 발전되었다. 그들의 배경은 보통 언어학이나 문학 연구였으며, 그들은 미디어와 문화연구에 관련된 대학교의 학과에 자리를 얻었다.

할리데이는 소쉬르가 간주한 방식에서처럼 랑그와 파롤 사이가 완전하게 분리된다고 간주하지 않는다. 오히려 1920년대 후반에 랑그에 중점을 둔 소쉬르를 비판했던 볼로시노프처럼, 할리데이는 발화행위의 중요성을 재진술한다.

언어가 발생되는 곳은
화자와 청자 사이인 여기이고,
사회적 맥락은 체계에서
외부적으로 존재하는 것보다는
발화 내에서 실제로 나타나지.

할리데이에게 아동의 언어발달은 '의미하는 법[*] 배우기'의 과정이다. 이는 해독하는 능력을 습득한 성인이 사실상 동일한 것인 '내적' 사전단어로 가득 찬과 백과사전사실로 가득 찬을 소유한다는 에코의 생각과 다르지 않다.

아동은 문법적 규칙의 수동적인 수신자보다 의미 체계의 생산에서 능동적인 참여자로 고찰되어야 하지.

그러므로, 이러한 토대에서 아동의 언어 습득그리고 저항에 관한 연구는 인간이 기호 체계로부터 기대하는 것, 그리고 의미 부여와 의미창조의 동기화에 대해 많은 것을 우리에게 알려줄 것이다.

군터 크레스Gunther Kress, 1940-2019의 사회기호학 연구는 종종 아동의 구어, 문자 그리고 시각적 텍스트의 창조와 반응에 대한 구체적 분석으로 구성된다.

크레스는 기표소쉬르의 용어에서와 기호 사용자 사이의 '동기화'의 관계가 존재한다고 진술한다.

많은 기호학자들예컨대, 벵베니스트이 '동기화motivation'의 관계들에 대해 다루었지만, 이는 '자의성'의 개념을 목표로 하였다. 보통 동기화된 기호는 퍼스의 도상에서 발견되는 닮음의 관계에서처럼 기표와 기의 사이에 밀접한 관계—자의적 관계가 아닌—를 가진다.

이 경우에 크레스의 접근은 다르다.

3살 어린이가 그린 이 그림을 생각해 보자.

그 어린이에게 이것은 자동차다. 아버지의 무릎에 앉아서 아이는 그림을 그리면서 설명했다.

"내가 그리는 것 볼래? 아빠! 두 개의 바퀴가 있고… 그리고 뒤에 두 개의 바퀴가 있고… 여기 두 개의 바퀴는… 이건 재밌는 바퀴야."

평균적으로 3살 어린이의 키
에서 나오는 자동차의 시야에 대
해 알면서, 우리는 자동차가 바
퀴와 같다에 의해 재현된는 점을 예
상할 수 있다. 차량 내에서조차 운전
자의 행동은 제어바퀴[운전대]에 집중된다.
그러면 동기화는 그들이 재현을 수행할 때
기호 사용자/기호 생산자와 그들이 사용하는 수단
사이의 관계이다.

이러한 관점에서, 많은 것들을 알 수 있게 된다. 의미화의 전체 관
계에 관한 연구는—왜 어린이가 기호를 만들기 위해 특정 기표를 사용하는
지, 어린이의 관점이 무엇으로 구성되는지—연구자가 성인이 의미를 구성하
게 될 방식을 고찰하는 것을 가능하게 해야 한다.

어린이는 의미화의 구별되는 장르에서 텍스트를 인식하는 것창조하는 것까지도
을 이른 나이에 배울 수 있다. 나중에 이러한 발생학적 텍스트의 구성 요소들
은 성인의 편에서 그들이 커뮤니케이션을 해독하는 방식을 결정하게 될 예상
을 촉발하는 데 아마도 충분할 것이다.

리터러시와 리터러시 이전에 관한 크레스의 사회기호학 연구는 현재 그리
고 미래의 기호 과정에서 해독의 전략을 예측하는 데 반박의 여지가 없이 중
대하다.

기호학적 솔루션

미래를 기대하고 여기 그리고 이곳에서 기호학의 수완가가 되기를 원하는 사람은 더도 말고 기호학적 솔루션Semiotic Solutionss의 예를 보라.

버지니아 발렌타인에 의해 런던에서 창립된 기호학적 솔루션은 그들의 전략을 창조하는 이미지 제작자, 기업 설계자, 제품 개발자를 지원하는 연구 기반 자문회사이다.

레비스트로스와 그레마스에 영향을 받아 구조주의 기호학적 방법을 사용하면서 기호학적 솔루션은 매우 단순하게 다음과 같은 산업에 어필한다.

커뮤니케이션의 모든 형태예컨대, 모든 광고, 모든 포장는 그것을 만든 사람이 실현하는 어떤 것보다 정보적 부담의 특징을 더 지니죠. 그리고 이러한 과잉의 내용은 **문화적**이지요.

'S. S.'라는 글자가 갖는 정보적 부담은 어떤가요?

기호학적 솔루션은 구조주의 방법론이 오래 지속되도록 한다. 작업의 처음 몇 해 동안—불경기 가운데도—그 회사의 매출량은 5배 이상 증가했다.

몬티 알렉산더기호학적 솔루션, 막스 버트애벗 미드 비커스', 그리고 앤드류 콜린슨브 리티시 텔레콤가 공동 집필한 수상 논문은 어떻게 기호학적 방법론이 현대 문화의 대수롭지 않은 사소한 것들을 들춰내는 데 사용되는지, 또 어떻게 그것을 캠페인의 토대로서 재형상화하는지를 보여준다.

전화 사용을 검토하면서, 알렉산더와 동료는 이분법적 대립 즉 '빅 토크'와 '스몰 토크'에 주목한다. 전통적으로 전화 사용은 '빅 토크'와 연관되어 있었고 전화 광고 전략은 단순히 이를 반영하였다.

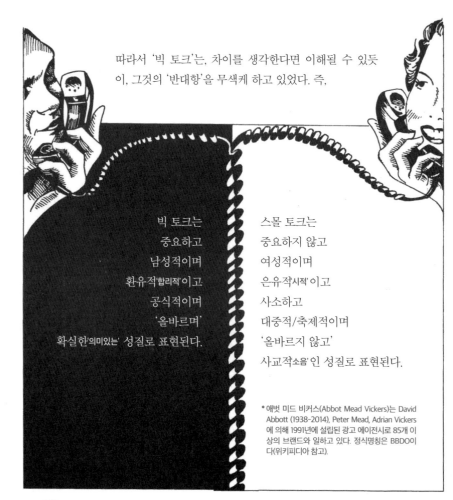

따라서 '빅 토크'는, 차이를 생각한다면 이해될 수 있듯이, 그것의 '반대항'을 무색케 하고 있었다. 즉,

빅 토크는
중요하고
남성적이며
환유적'합리적'이고
공식적이며
'올바르며'
확실한'의미있는' 성질로 표현된다.

스몰 토크는
중요하지 않고
여성적이며
은유적'시적'이고
사소하고
대중적/축제적이며
'올바르지 않고'
사교적소음'인 성질로 표현된다.

*애벗 미드 비커스(Abbot Mead Vickers)는 David Abbott (1938-2014), Peter Mead, Adrian Vickers에 의해 1991년에 설립된 광고 에이전시로 85개 이상의 브랜드와 일하고 있다. 정식명칭은 BBDO이다(위키피디아 참고).

'빅 토크'와 '스몰 토크'—일련의 낙서—와 관련한 응답자의 기호 생산이 크레스가 검토하는 기표에 대한 사회문화적 관계의 특징을 드러낸다는 점이 질적 연구에서 또한 밝혀졌다.

'빅 토크'=기하학적 형태　　'스몰 토크'= 유기적 곡선
'스몰 토크'는 '빅 토크'의 그림자로부터 나와야 했다.

말하는 것은 좋습니다.

브리티시 텔레콤 광고 캠페인의 방향 전환에서 주요한 사실 중 하나는 결과적으로 전화를 남성 지배적인 '빅 토크'의 영역으로 만들었던 성적 편향을 제거할 필요가 있다는 점이다. '스몰 토크'의 '비합리성'을 폄하하는 것과 그것이 남자에게 적합하다는 강조가 광고 메시지에 통합될 필요가 있을 것이다.

　배우 밥 호스킨스Bob Hoskins를 앞세운 새로운 캠페인 광고의 첫 번째는 놀랄 만한 성공으로 이 일에 착수했다.

기호학적 솔루션이 아주 강하게 입증하는 것은 자신들 또한 기호 과정에 몰입하고, 때때로 기호학을 '행한다'는 사실을 의식하지 못한 채 살아가는 많은 사람이 존재한다는 점이다.

최근의 세계기호학회 학술대회*에서 그룹 토론 미팅이 제스처, 인공 지능, 연극, 인지 과학, 영화, 디자인, 정치학, 시간, 음악, 공간, 생물학, 1차성, 회화, 광고, 법, 그레이트풀 데드the Greateful Dead!** 내러티브, 미학, 종교, 건축, 신체, 유머, 서예, 춤, 교육, 역사, 핍진성의 체계, 마케팅, 등등에 대한 주제로 열렸다.

그러면 여기서 우리는 거대한 범위의 활동을 가진다.

더 중요하게, 움베르토 에코는 최근에 기호학의 영역을 정의해 달라는 요청에 상당히 자세하게 응답하였는데, 그의 답변의 중간 즈음에서 기호학의 영역이 역사 전체라고 그가 함축하고 있다는 것이 명백해졌다.

* 1994년 미국 버클리에서 열렸던 제5회 세계기호학회로, 컨퍼런스의 주제는 〈전세계 기호학: 다양성 속 총합Semiotics Around the World: Synthesis in Diversity〉이다. 또한 최근에 2019년 아르헨티나 부에노스아이레스에서 열렸던 제14회 세계기호학회는 〈기호학의 궤적Trajectories〉라는 주제로 기조 강연, 일반 발표, 그룹 토론 미팅 등을 통해 다양한 영역에서의 기호학 연구의 궤적을 보여주며 광범위한 기호학의 활동을 확인시켜 주었다.

** 미국의 록 그룹. 1960년대 중후반 미국 샌프란시스코 지역의 히피 문화를 이끌었고, 공연에서 즉흥 연주로도 유명하다. 《라이브/데드(Live/Dead)》(1969), 《워킹맨스 데드(Workingman's Dead)》(1970), 《아메리칸 뷰티(American Beauty)》(1970) 등이 대표 앨범으로 꼽힌다(두산백과 참고).

심화 독서자료

기호학에 관한 문헌은 방대하며, 더욱 방대해진다. 아래의 제목들은 이 책에서 다루어진 영역과 상응하며 심화 독서를 위한 시작점으로서 사용될 수 있을 것이다.

기호학에서 다른 전통들을 언급하는 개론서인 두 권의 좋은 책이 있다. S. 허비S. Hervey의《기호학적 관점Semiotic Perspectives》London: Allen and Unwin, 1982 그리고 M. 크렘픈M. Krampen 등이 편집한, 자주 읽히지 않지만 유용한 논문 모음집에코와 야콥슨인《기호학의 고전Classics of Semiotics》New York and London: Plenum Press, 1987이 그것이다. 기호학사회언어학, 화용론, 수용자 이론에서의 논문과 함께을 파악하는 데 도움을 주는 중요한 논문들은 폴 코블리가 편집한《커뮤니케이션 이론 독자를 위하여 The Communication Theory Reader》London, Routledge, 1996에서 찾아볼 수 있다.

고전적 기호학에 대한 주제는 우선 D. S. 클라크D. S. Clarke의《기호학의 원리 Principles of Semiotic》London: Routledge and Kegan Paul, 1987로 시작한다.

소쉬르의《일반 언어학 강의Cours de linguistic générale》는 두 번역서에서 찾아볼 수 있다. W. 배스킨W. Baskin이 번역한《일반 언어학 강의Course in General Linguistics》 Glasgow: Fontana, 1974와 R. 해리스R.Harris가 번역한《일반 언어학 강의》 Duckworth, 1983가 그것이다.

퍼스의 연구도 또한 두 버전이다. 찰스 하츠혼Charles Hartshorne과 폴 베이스Paul Weiss 그리고 A. W. 버크스A. W. Burks가 편집한《퍼스 선집The Collected Papers of Charles Sanders Peirce》8권Cambridge, Mass: Harvard University Press, 1931-58과 C. J. W. 클로젤 Kloesel 이 편집한《찰스 퍼스 논문집: 연대순 본The Writings of Charles S. Peirce: A Chronological Edition》30권예정됨 Bloomington: Indiana University Press, 1982이다. 이 책들은 읽기가 힘들다. 따라서 제임스 홉스J. Hoopes가 편집한《퍼스의 기호학Peirce on Signs: Writings on Semiotic》[1] Chapel Hill and London: University of North Carolina Press, 1991으로 시작하는 것이 가

---

1 한국어 번역본, 《퍼스의 기호학》(김동식, 이유선 옮김, 나남출판사, 2008).

장 좋을 것이다. 퍼스와 '구조주의'를 함께 고찰한 좋은 개론서로는 존 K. 셰리프 J. K. Sheriff의《의미의 운명: 찰스 퍼스, 구조주의, 그리고 문학 The Fate of Meaning: Charles Peirce, Structuralism, and Literature》[2]Prinston University Press, 1989 이다.

아네트 라버스Annette Lavers가 번역한 롤랑 바르트의《신화Mythologies[3]》London: Vintage, 1996 는 필독서이며, 스티븐 히쓰Stephen Heath가 편집하고 번역한《이미지-음악-텍스트 Image-Music-Text》London: HarperCollins,1996 라는 제목의 보급판에서의 에세이들도 마찬가지로 필독서이다. 독자들이 이 책들에 흥미가 있다면, 리처드 하워드Richard Howeard가 번역한《S/Z》[4]Oxford: Blackwell, 1974 를 이어서 읽는다. 한편, 클로드 레비스트로스에 대한 연구와 관련하여 독자는 클레르 야콥슨 Claire Jacobson과 부룩 그룬드페스트 쇼에프Brooke Grundfest Schoepf가 번역한《구조주의 인류학 1 Structural Anthropology 1》Harmondsworth: Penguin, 1977 으로 시작할 수 있다.

기호학의 주제와 관련하여 자크 라캉으로 시작하기 위한 가장 좋은 곳은 앨런 셰리던Alan Sheridan이 번역한《에크리: 선집Écrits: A Selection》London: Tavistock, 1977 에서 라캉의 글 〈프로이트 이후 무의식 또는 이성에서 문자의 작용The agency of the letter in the unconscious or reason since Freud〉이다. 독자는 다리안 리더Darian Leader의《초보자를 위한 라캉》Cambridge: Icon, 1995 을 참조하면서 예비적 맥락을 얻을 수 있다.

데리다의 연구는 라캉의 연구처럼 어렵기로 유명하다. 하지만 그의 초기 글은 비교적 이해하기가 쉽다. 따라서 폴 코블리가 편집한《커뮤니케이션 이론 독자를 위하여The Communication Theory Reader》London: Routledge, 1996 에서 〈기호론과 그라마톨로지: 줄리아 크리스테바와의 대담Semiology and grammatology: interview with Julia Kristeva〉을 읽고, 그런 후에 가야트리 스피박Gayatri C. Spivak이 번역한《그라마톨로지Of Grammatology》[5] Baltimore and London: Johns Hopkins Universith Press, 1976 를 읽는다.

찰스 모리스의 주요한 글들은《기호 이론의 토대Foundations of the Theory of Signs》

---

2 한국어 번역본,《의미의 이해: 찰스 퍼스, 구조주의 그리고 문학》(이윤희 옮김, 한국외국어대학교출판부, 2016).
3 한국어 번역본,《현대의 신화》(이화여자대학교기호학연구소 옮김, 동문선, 1997)
4 한국어 번역본,《S/Z》(김웅권 옮김, 연암서가, 2015).
5 한국어 번역본,《그라마톨로지》(김성도 옮김, 민음사. 2010. 개정판).

Chicago: University of Chicago Press, 1938와 《의미화와 유의미성: 기호와 가치의 관계에 관한 연구Signification and Significance: A Study of the Relations of Signs and Values》Cambridge, Mass.: M. I. T. Press, 1964에서 찾아볼 수 있다. 이러한 책들을 읽기 전에 독자는 《기호학의 고전》위에 언급된에 수록된 롤랑 포스너 Roland Posner의 에세이 〈찰스 모리스와 행동 기호학의 토대Charles Morris and the Behavioural Foundations of Semiotics 〉를 살펴보기를 바랄 수도 있다.

세비옥을 이해하기 위해서는 다음의 두 권의 저서로 시작해야 한다. 〈기호는 단지 기호이다A Sign is Just a Sign 〉Bloomington and Indianapolis: Indiana University Press, 1991라는 제목의 그의 논문집과 1972년 그의 책《동물 기호학의 관점 Perspectives in Zoosemiotics 》The Hague: Mouton 이 그것이다.

D. P. 루시드D. P. Lucid가 편집한《소비에트 기호학: 선집Soviet Semiotics: An Anthol-gogy 》Baltimore and London: Johns Hopkins University Press, 1988과 H. 바란H. Baran이 편집한 《기호학과 구조주의: 소비에트 연방 선집Semiotics and Structuralism: Readings from Soviet Union 》White Plains, N. Y.: International Arts and Science Press, 1974는 로트만과 이러한 전통에서 다른 이들이 쓴 핵심적 텍스트를 포함한다. 이러한 맛보기 책들이 독자를 A. 슈크만A. Shukman이 번역한 로트만의《정신의 우주: 문화에 대한 기호 이론 Universe of the Mind: A Semiotic Theory of Culture 》[6] Bloomington: Indiana University Press, 1991으로 안내할 수 있을 것이다.

《야콥슨 선집Selected Writings of Roman Jakobson 》The Hague and Berlin: Mouton, 1962-87은 8권에 달하고, 단순히 야콥슨 연구의 폭넓음을 알기 위해서 읽어 볼 가치가 있다. 좀 더 간략한 형태로는 그의 연구 활동 기간의 작은 두 논문 모음집이 있는데, L. R. 워L. R. Waugh와 M. 몽빌-버스톤M. Monville-Burston이 편집한《언어On Lan-guage 》Cambridge, Mass: Harbvard University Press, 1995와 K. 포몰스카K. Pomorska와 S. 루디 S. Rudy가 편집한《문학의 언어 Language in Literature 》Cambridge, Mass: Belknap Press, 1987가 그것이다. 프라하학파는 다양한 논문 모음집에 나타나는데, 예를 들자면, P. 스테이너P. Steiner가 편집한《프라하학파: 선집 1929-1946The Prague School: Selected Writings, 1929-1946 》Austin: University of Texas Press, 1982이 있다. 한동안 찾아볼 수 있는

6 한국어 번역본,《문화기호학》(유재천 옮김, 문예출판사, 1998)

M. 수이노M. Suino가 번역한 무카로브스키의 《사회적 사실로서 미학적 기능, 규범, 가치Aesthetic Function, Norm and Value as Social Facts》Ann Arbor: University of Michigan Slavic Contributions, 1979는 필독서이다.

프라하학파의 가장 좋은 해설서는 T. G. 위너T. G. Winner의 논문 〈프라하 구조주의와 기호학: 간과와 그에 따른 오류Prague structuralism and semiotics: Neglect and resulting fallacies〉Semiotica 1053/4, 1995, pp. 243-276과 F.W. 갈란F.W. Galan의 《역사적 구조: 프라하학파 프로젝트 1928-1946Historic Structures: The Prague School Project, 1928-1946 Austin: University of Texas Press, 1985가 있다.

'대중적'인 에코와 기호학자 에코는 중첩된다. 따라서 《기호학 이론A Theory of Semiotics》[7] Bloomington: Indiana University Press, 1976과 논문 모음집인 《하이퍼리얼리티에서의 여행Travels in Hyperreality》London: Picador, 1986 그리고 소설 《장미의 이름으로 The Name of the Rose》[8] London: Picador, 1984를 읽어본다.

군터 크레스의 최근 연구는 《글쓰기 이전: 리터러시로 향한 방향을 재고찰하기Before Writing: Rethinking Paths to Literacy》London: Routledge, 1996에서 찾아볼 수 있다. 몬티 알렉산더Monty Alexander, 막스 버트Max Burt, 앤드류 콜린슨Andrew Collinson의 공서 논문인 〈빅 토크, 스몰 토크: 브리티시 텔레콤의 시사적 광고 기획에서 기호학의 전략적 사용〉Journal of the Market Research Society, Vol. 37 No. 2April, 1995, pp. 91-102 은 기호학적 솔루션의 연구에 대한 경험을 제공한다.

---

7 한국어 번역본, 《일반 기호학 이론》(김운찬 옮김, 열린책들, 2009)
8 한국어 번역본, 《장미의 이름》(이윤기 옮김, 열린책들, 2018).

지적 대화를 위한 교양인의 기호학

초판 1쇄 인쇄 2022년 7월 20일
초판 1쇄 발행 2022년 7월 30일

지은이 폴 코블리
그린이 리자 얀스
옮긴이 이윤희

펴낸이 박세현
펴낸곳 팬덤북스

기획 편집 김상희 곽병완
디자인 이새봄
마케팅 전창열

주소 (우)14557 경기도 부천시 조마루로 385번길 92 부천테크노밸리유1센터 1110호

전화 070-8821-4312 | **팩스** 02-6008-4318
이메일 fandombooks@naver.com
블로그 http://blog.naver.com/fandombooks

출판등록 2009년 7월 9일(제386-251002009000081호)

ISBN 979-11-6169-215-9 03170

* 이 책은 2021년 대한민국 교육부와 한국연구재단의 지원을 받아 수행된 연구입니다 (NRF-과제번호)(NRF-2021S1A6A3A01097826).